Anonymous

Aus dem Tagebuch eines convertirten Priesters

Anonymous

Aus dem Tagebuch eines convertirten Priesters

ISBN/EAN: 9783744721097

Hergestellt in Europa, USA, Kanada, Australien, Japan

Cover: Foto ©ninafisch / pixelio.de

Weitere Bücher finden Sie auf **www.hansebooks.com**

Aus dem Tagebuche eines Convertirten Priesters.

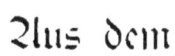

Leipzig
Druck und Verlag von Fr. Richter.
1888.

Aus dem

Tagebuche

eines

convertirten Priesters.

Ἐξήτασα. — Εὕρηκα.

—→·∴·←—

Leipzig

Druck und Verlag von Fr. Richter

1888.

Seiner

vielgeliebten Gattin

der Verfasser.

G., den 16. November 1870.

Heute, an meinem Geburtstage, bin ich in die evangelische Kirche aufgenommen worden. O mein Gott, wie danke ich dir für diese unverdiente Gnade! Der liebe Herr hat mich unverkennbar geführt. Am 12. Juli dſs. Js. kam ich hieher in das Haus des Herrn Pfarrers Sch., eines äußerſt liebenswürdigen Menſchen. Er hat viele Geduld mit mir gehabt, aber ich war auch an den rechten Mann gekommen. Mit meinem katholiſchen Starrſinn hätte ich wahrlich nicht in jedes Haus gepaßt, dieſes Haus der Liebe und Eintracht war vom Herrn für mich ausgeſucht, um ihn wahrhaft erkennen zu lernen.

Als katholiſcher Prieſter war ich, wenngleich ein hingebendes Gemüt mir wohl in nicht geringem Grade zu eigen iſt, doch weniger an engeren Familien-Verkehr gewöhnt. Ich war verſchloſſen, herriſch, zuweilen anmaßend, kurz, mit allen jenen Untugenden behaftet, welche gewöhnlich dem Junggeſellen nicht fremd ſind. Dazu kam die Gährung in meinem Innern, welche häufig verzweifelte Zuſtände herbeiführte.

Das Alles aber berücksichtigte man hier in hohem Maße, so daß schon diese Wahrnehmung viel dazu beitrug, meine Vorurteile gegen das evangelische Bekenntnis abzuschwächen. Denn ich kam mit vielen Vorurteilen hieher. Niemand wird sich darüber wundern, wenn er hört, daß ich 13 Jahre lang als katholischer Priester fungierte.

Insbesondere möchte ich hier an dieser Stelle auch der stets zuvorkommenden Pfarrfrau alle Unbilden abbitten, welche mein brüskes Wesen, wenn auch nicht immer absichtlich, ihr nur zu häufig bereitet haben. Beide, Pfarrer und Pfarrfrau, sind noch jung, weit jünger als ich, und durften deshalb von mir um so mehr ruhiges Nachgeben erwarten. Der liebe Gott möge es ihnen an ihren Kindern lohnen, was sie an mir gethan haben.

Ich bin überaus glücklich. Endlich ist der Tag gekommen, den ich in den letzten Wochen mit fieberhafter Unruhe herbeisehnte. Wie gütig hat mich doch der Herr geführt! Nach langen Jahren der Unruhe bin ich nun in den Hafen der Ruhe eingelaufen. Aber viele Mühe und Trübsal hat es gekostet, ehe ich dahin gelangte; dem Herrn sei Dank, daß er mich so gnädig behütete.

Wahrlich, in den letzten vier Wochen kostete es manchen heißen Kampf. Aber weiß nicht der Allmächtige stets Rat, und sorgt er nicht gerade dann, wenn man verzweifeln möchte? Und so kam es denn auch nicht von ungefähr, daß gerade in diesen letzten vier Wochen die Mutter und Schwester des lieben Hausherrn zum Besuche hier anwesend waren, zwei gute, fromme Seelen, denen ich unglaublich viel verdanke. Ich werde ihrer stets mit der größten Dankbarkeit und Liebe gedenken, sie, die sich meiner in der traurigen

Verlassenheit so christlich=barmherzig angenommen haben. Nie werde ich der mütterlichen Ermahnungen und Zusprüche, nie des treuherzigen und teilnehmenden Trostes vergessen, welche beide in meinen großen Leiden mir spendeten. Nie auch werde ich vergessen, daß sie meinetwegen sogar der Zeit und der Bequemlichkeit Opfer gebracht haben, nur um mich stärken und trösten zu können. Ach, es gibt doch noch viele Menschen in der Welt, die in Christo leben und in ihm den Nächsten lieben, davon haben mich diese gute Mutter und Tochter so recht überzeugt.

Doch will ich denn stillschweigen vom heutigen Tage und dessen Feier? Dieses Blatt meines Tagebuches sollte doch eigentlich dem Tage allein gewidmet sein. Erst nach Mitternacht hatte ich das Bett aufgesucht, früh dasselbe wieder verlassen und im Gebete den Herrn angerufen, daß er mir Segen spende und Klarheit in meine Seele. O, Beides ist mir überreichlich zu Teil geworden!

Mit festem Schritte trat ich zum Altare hin, um welchen sich das ehrwürdige Presbyterium der hiesigen Gemeinde versammelt hatte, und mit fester Stimme beantwortete ich die an mich gestellten Fragen. Ja, fürwahr, die hl. Schrift soll für mich stets die höchste Auctorität in Glaubenssachen bilden, so wie die Bekenntnisschriften der evangelischen Kirche mir als Glaubensregel gelten werden. Diese beiden ersten Fragen beantwortete ich mit vollständiger Überzeugung, es lag ja das Resultat meiner aufrichtigen Prüfung darin. Aber die dritte Frage, ob ich auch nach und in dem evangelischen Glauben leben und sterben wolle, beantwortete ich nicht allein aus Überzeugung des Verstandes, sondern mit größter Freudigkeit des Herzens. Gott, der die Herzen und

Nieren durchforscht, weiß, daß mein Herz ihn preiset und ihm dankt für die guten Vorsätze, welche seine Gnade in jenem Augenblicke in meinem Innern befestigte.

O, mein Herr und mein Gott, wie undankbar, wie gottvergessen würde ich sein, wenn ich deine liebevolle Leitung in dieser wichtigsten Stunde meines Lebens verkennen und vergessen wollte. Nein, das sei fern von mir! Dich habe ich erst jetzt nach deiner ganzen Güte und Barmherzigkeit kennen gelernt, wie sollte ich wohl etwas thun, was dir mißfallen könnte? Dein bin ich, dir lebe ich, dir sterbe ich! Gib' mir die Gnade, daß ich als ein eifriges Glied deiner wahren Kirche sterbe, nämlich im rechten Glauben an dich, meinen lieben Herrn Jesum Christum!

Als die kirchliche Feier vorüber, erzeigten mir die Herren Presbyter die Ehre, mich in meine Behausung zu begleiten und dort einige Zeit zu verweilen, um sich mit mir des Tages zu erfreuen. Es that meinem Herzen ungemein wohl, mich gleichsam inmitten der ganzen Gemeinde zu befinden, denn das Presbyterium nebst dem Geistlichen repräsentiert ja dieselbe. Diese ehrenfesten, biderben Gestalten ließen es mich auf den Gesichtern lesen, wie sie Anteil nahmen an meinem Glücke.

Auch das hat der gute Gott in seiner Gnade so gefügt, daß er mir gestattete, in einer so braven Gemeinde wie die hiesige zu dieser wichtigen Handlung mich vorbereiten zu dürfen. Mir gehen allmählich immer mehr die Augen auf, so daß ich fast glaube, Schritt vor Schritt den Einwirkungen der göttlichen Gnade folgen zu können; indessen will ich mich vorläufig mit diesen wenigen Andeutungen begnügen und in den nächsten Tagen in ruhigerer Stimmung darüber mich äußern.

Aber soll ich heute schließen, ohne meines lieben Freundes, des Pastor Th. aus M. zu gedenken, der die weite Reise nicht scheute, um an diesem wichtigen Tage mir zur Seite stehen zu können? Habe ich doch ihm und seinem verehrten Schwiegervater, dem Pastor L. in B., es ganz besonders zu verdanken, daß der Weg mir geebnet wurde. Sie waren vornehmlich die Werkzeuge in der Hand Gottes, die mich so gnädig zum Ziele geführt hat; sie waren es, welche in aller Treue meinem Forschen und Streben entgegen kamen, ohne irgendwelchen direkten Einfluß auf mein Handeln in Anspruch zu nehmen. Ja, das spreche ich hier im Angesichte des lebendigen Gottes offen aus, Niemand hat es versucht, solchen Einfluß auf mich auszuüben. Ich weiß, man hat viel für mich gebetet, aber im übrigen hat man der Gnade Gottes meine Führung überlassen, und das finde ich echt evangelisch gehandelt. Nie werde ich vergessen, wie jene mütterliche Freundin noch gestern Abend, als ich in schweren Anfechtungen ihren Rat und Trost mir erbat, ganz entschieden mich darauf hinwies, daß ich trotz aller Vorbereitungen noch warten müsse mit der Entscheidung, wenn nicht alle Bedenken zuvor aus dem Wege geräumt seien.

Ich will mich zur Ruhe begeben, beseelt von den heißesten Gefühlen des Dankes gegen alle jene lieben und guten Menschen, die mir heute und in all' der vorigen Zeit ihre Teilnahme bewiesen haben. Aber noch größerer Dank, Lob und Ehre sei dem Allerhöchsten dargebracht, der mich Unwürdigen so großer Gnade wertgehalten hat. „Jesus allein, kein andrer Meister mehr, soll meine Losung sein", dieser Wahlspruch ist der schönste Gewinn des heutigen Tages; er soll mein Leben fortan leiten und regeln.

Ich kann es mir nicht versagen, jenes wunderschöne Lied des gottseligen Paul Gerhard „Nun ruhen alle Wälder" aufzuschlagen und mit der Rezitierung der beiden letzten Strophen dem Schutze des allmächtigen Gottes mich zu übergeben:

> Breit' aus die Flügel beide,
> O Jesu, meine Freude,
> Und nimm' dein Küchlein ein.
> Will Satan mich verschlingen,
> So laß' die Englein singen:
> Dies Kind soll unverletzet sein.

> Auch euch, ihr meine Lieben,
> Soll heute nicht betrüben,
> Ein Unfall, noch Gefahr.
> Gott laß' euch ruhig schlafen,
> Stell' euch die goldnen Waffen
> Um's Bett, und seiner Engel Schar.

G., den 17. November 1870.

Gott sei gelobt und gepriesen, der so große Dinge an mir gethan und mich der Gnade gewürdigt hat, daß ich in seine wahre Kirche wieder aufgenommen worden bin! Mit diesem Gedanken erhob ich mich am frühen Morgen und nahm mir vor, an jedem neuen Morgen meines Lebens den Herrn mit diesen Worten zu begrüßen und zu preisen.

Wunderbar! Ich fühle den mächtigen Beistand der Gnade Gottes selbst in solchen Dingen, welche, obschon an sich klein, mich sonst beirrten und häufig schwach fanden.

Jene beiden mir so wert gewordenen Personen, die Mutter und Schwester meines liebenswürdigen Hauswirtes, begaben sich heute in die Heimat zurück, und habe ich sie bis zur nächsten Eisenbahnstation W. geleitet. Nichts ist mir von jeher schmerzlicher gewesen, als der Abschied von Freunden, die ich im Herzen trage, aber von Angesicht vielleicht so bald nicht wieder sehen werde. Beides war auch hier der Fall, und doch war der Abschied meinerseits ein ruhiger. Ich werde mich täglich nach jenen lieben Menschen zurücksehnen, aber ich fühle, es wird nicht die ungestüme Sehnsucht, nicht jenes krampfhafte Gefühl sein, welches man gewöhnlich im Leben als das Wesen der Freundschaft bezeichnet, sondern ich fühle mich mit ihnen geistig so vereint, daß die Trennung mir eine solche nicht zu sein scheint. Bin ich doch Eins mit ihnen, Eins im wahren Glauben, Eins in wahrer Liebe, Eins in wahrer Hoffnung, — wahrlich Bande der Einigkeit, welche keine Trennung zu lösen vermag. Diese wahre Glaubens-Einigkeit entspringt aus der Glaubens-Innigkeit, welche den evangelischen Christen besonders kennzeichnet. Und das ist es gerade, wodurch die Gnade Gottes die meisten Zweifel in mir überwunden hat, die Einsicht nämlich, daß der evangelische Glaube den Christen unmittelbar zu Gott gleichsam hinträgt, wie der Säugling zur liebenden Mutter getragen wird. Nichts stellt sich zwischen Beide, Gott und den Menschen, kein Papst, kein Lehramt, kein Heiliger; in völliger Freiheit, unvermittelt kann der evangelische Christ die Hand nach der erbarmenden Gnade ausstrecken; sie ist ihm gewiß, will er sie nur nicht zurückweisen.

O, wie tot und kalt ist dagegen die Lehre der katho-lischen Kirche! Diese tröstliche Zuversicht des Christen, daß

er wirklich Gottes Kind sei, ach, ich habe sie so oft und so
herzlich ersehnt, aber niemals zuvor erlangen können. Nichts
fruchteten alle Entsagungen und Abtötungen, alle Kasteiungen
und Selbstverleugnungen, so oft ich sie mir auch freiwillig
auferlegte oder vom Beichtvater auferlegen ließ. Manche
bittre Thräne habe ich dem letzteren gegenüber vergossen, in
der Erkenntnis meines Sünden-Elendes, welches dennoch jene
Lehre mich niemals vollständig erkennen ließ. Viele Rosen=
kränze habe ich gebetet, unzählige Abläße mir erworben,
Exerzitien gemacht, das tägliche Brevier-Gebet eifrig und treu
verrichtet und außerdem durch Wallfahrten und sonstige An=
dachtsübungen mich dem Herrn anzuschließen gesucht. Gern
habe ich den Umgang mit gotterleuchteten Personen gepflogen,
besonders häufig mit Ordensleuten verkehrt, und so groß war
meine Sehnsucht nach einem wahren Leben in Gott, daß ich
mehrmals nahe daran war, der Welt zu entsagen und mein
Leben in der Kloster-Zelle zu beschließen. Innig schloß ich
mich auch an die Mutter Gottes und an jene Lieblings=
Heilige an, deren Wandel mir besonders wohlgefiel und mir
zum Muster und Vorbilde diente. Flehentlich rief ich sie
Morgens und Abends an, damit durch ihre Vermittelung
mir Hülfe und Beistand von oben werde. — Alles ver=
gebens! Wohl habe ich zuweilen tiefe Rührung verspürt,
wenn ich am Altare dem Herrn diente und den Glauben in
mir zu befestigen suchte, ich trage Gott selbst in den Händen.
Ich empfand dann um so mehr meine Unwürdigkeit; aber
anstatt die fröhliche Zuversicht in mein bedrängtes Herz ein=
zulassen, daß ich um des Verdienstes Jesu Christi willen
Verzeihung meiner Sünden erwarten dürfe, beengten Furcht
und Zittern meine arme Seele, die Rührung ging vorüber —

das Elend war größer als zuvor und von Neuem begann das fruchtlose Ringen. Wohl durchschauerte es süß und wonnevoll mein Herz, wenn ich etwa einen jener wunderschönen Abendgottesdienste abhielt, welche allen Sinnen schmeicheln und sie gleichsam gefangen nehmen; die auf das härteste Gemüt einigen Eindruck machen und den natürlichen Menschen unwiderstehlich fesseln und anziehen. Ach, wohl überkam es mich dann, wenn ich die in Andacht versunkene Menge mit dem Sakramente segnete, wie eine Ahnung des Himmlischen und Göttlichen, sehnsuchtsvoll suchte die Seele sich loszuringen von den Makeln des Irdischen und sich aufzuschwingen zum Throne des Allerhöchsten; — aber diese Gefühls-Schauer verflogen eben so schnell, wie sie gekommen waren, sie vermochten mir nicht ein Abbild der Ruhe und der Freudigkeit des Herzens zu geben, von welcher dieses heute bis zum Übermaße erfüllt ist. Dann kam die starre Verzweiflung, welche die arme Seele umnachtete und sie mit allen Schrecken des Todes, des Fegefeuers und der Hölle peinigte. O wie oft habe ich mich bemüht, von der Kanzel herab mir selbst und den Gläubigen diese Schreckbilder eindringlich zu machen, um so die Herzen zu rühren und sie zu bestimmen, daß sie Gott treu dienen und sich ihm ganz hingeben möchten. Unselige Verblendung! als wenn durch diese furchtbaren Schreckbilder allein die wahre Liebe zu Gott in den Herzen entzündet werden könnte!

Ja, die katholische Kirche macht ungewöhnlich große und vielseitige Anstrengungen, um ihre Bekenner zum Himmel zu führen, es wird wirklich in dieser Kirche viel für das Heil der Seelen gethan; aber Alles ist nutzlos, wenigstens für die große Masse. Denn Alles wird nach Außen gesetzt und

das Innere desto mehr vernachläſſigt. Anstatt z. B. sich
vertrauensvoll dem himmlischen Vater direkt zu nahen und
seiner Gnade sich ganz hinzugeben, macht man Beides von
sterblichen Menschen abhängig, die allerdings vielleicht einen
frommen Lebenswandel geführt haben, aber dennoch von dem
allgemeinen Sünden=Elend keineswegs ausgenommen waren.
Ich werde nimmer in die Meinung so Vieler einstimmen,
daß die Katholiken die Heiligen anbeten; in jedem Katechismus
ist zwischen der Anbetung, die Gott allein gebührt, und
zwischen der Anrufung, welche den Heiligen zukommt, ge=
nau unterschieden. Aber daß man durch diese Anrufung der
Heiligen sich von Gott weit entfernt, daß man die Anbetung
Gottes gewissermaßen dadurch für überflüſſig erklärt und sie
auch so ansieht, das habe ich zur Genüge an mir selbst er=
fahren. Allerdings, wer will es leugnen, stehen mir jene
sterblichen Menschen näher als Gott, vor dessen beleidigter
Majestät der sündige Mensch nur zu leicht zurückschreckt; aber
warum ist denn der eingeborne Sohn Gottes Mensch ge=
worden? warum ist er in Allem, die Sünde ausgenommen,
uns gleich geworden? warum anders, als um uns armen
Menschenkindern Mut zu machen, daß wir nun als Kinder
desselben Vaters uns betrachten und getrost zu ihm auf=
schauen. Die frommen Menschen darf und werde ich stets
hochachten, wie ich jedem tugendhaften Menschen hohe Achtung
zolle, aber niemals dürfen sie mich hindern, mit Gott direkt
in Verkehr zu treten. Und das geschieht offenbar durch die
Anrufung und Verehrung der Heiligen. Auch liegt es nahe,
daß man hierin leicht zu weit gehen und etwa Verehrung
und Anbetung vermischen kann. Wenngleich Beides im
Prinzip himmelweit von einander unterschieden ist, so wird

es doch schwer sein, eine inbrünstige Verehrung von der An=
betung scharf zu sondern, unvermerkt nimmt das Eine die
Stelle des Andern ein. Die Lehre von der Anrufung der Heiligen stützt sich
auf die Verdienste derselben und hängt mit der Lehre zu=
sammen, daß der Christ Verdienste vor Gott haben könne
und haben müsse. Und das ist der Grundirrtum der katho=
lischen Lehre, welcher viele andre Irrtümer erzeugt, und,
was das Schlimmste ist, geradezu von Gott abzieht. Wie
oft bin ich aus dem Beichtstuhle getreten, in voller Selbst=
genügsamkeit und Selbstgerechtigkeit, da ich ja wenig zu
beichten gehabt hatte und vor schweren Sünden seit der
letzten Beichte bewahrt worden war. Eine selige Ruhe schien
mein Gemüt zu umfangen, aber es schien auch nur so und
gar bald wurde es wieder anders. Das mußte ja auch so
sein; denn es liegt klar am Tage, daß durch jene Selbst=
gerechtigkeit die Ehre Gottes auf das Höchste geschädigt wird,
die Strafe dafür nicht ausbleiben kann. Allerdings dankte
auch ich Gott für jene Befriedigung meines Innern, aber
es geschah nur mit dem Munde und war kein herzlicher
Dank. Denn im Grunde war ich selbst der sündenvergebende
Gott, durch meine eigne Kraft hatte ich mich ja von der
Sünde fern gehalten und dieselbe überwunden, und eher viel=
leicht sagte ich meinen Schutzheiligen Dank für ihre Hülfe,
als Gott selbst. Gott bleibt in einem solchen Falle ganz
aus dem Spiele, oder wenn er berücksichtigt wird, so ge=
schieht dieses mechanisch. Eine innigere Vereinigung mit ihm
ist also nicht gut möglich, im Gegenteil, unbewußt wird er
mehr und mehr zurückgestoßen, während das eigne Ich mit
jedem vermeintlichen neuen Siege neue Triumphe feiert und

sich zuletzt in den süßen Wahn einwiegt, auch ohne Gott fertig werden zu können. Man sagt das nicht gerade heraus, aber man handelt so.

In den frömmsten katholischen Gemeinden wird man neben starrem Mechanismus im Äußerlichen auch stets eine Anzahl von sog. frommen Personen finden, besonders aus dem weiblichen Geschlechte, welche dieser Selbstgerechtigkeit in hohem Maße fröhnen. Sie sind ein wahres Kreuz für ihre Umgebung, für die ganze Gemeinde, besonders aber für die Seelsorger. Diese fragen sich oft unter einander: Hast du viele „Kloppen" (so lautet in Westfalen die eigentümliche Bezeichnung dieser Klasse) in deiner Gemeinde? und bemessen darnach den Zustand derselben und die eigne Arbeit, welche durch diese falschen Heiligen sehr erschwert wird. Besonders sind die Mönchsklöster wahre Pflanzstätten dieser Mißgeburten christlichen Lebens und Glaubens; es ist, als ob die fromme Luft, welche aus ihnen in die Welt strömt, die Köpfe benebele und verwirre.

Neben diesen Ausartungen der Frömmigkeit findet man unter der großen Masse der Katholiken viele Gleichgültigkeit, welche vom Mantel mechanischer Religionsübung nur notdürftig verdeckt wird. Mit Entsetzen gedenke ich dieser furchtbaren Lauigkeit, welche wahrlich wohl im Stande ist, den redlichsten Seelsorger mutlos zu machen. Besonders tritt diese Erscheinung in der österlichen Zeit so recht zu Tage. Bekanntlich muß in dieser Zeit jeder Katholik, will er sich nicht selbst von der Kirche ausschließen, beichten und kommunizieren. In den meisten Gemeinden ist dieses leicht zu kontrolieren, weshalb gar mancher gezwungen, nicht aus freiem Herzensantriebe die hl. Handlung vollzieht. Man würde sich dem Gerede der Leute aussetzen, den Anstand verletzen, und was dergleichen Ausreden mehr sind. Deshalb begibt man sich zum Beichtstuhle, aber dieser Stuhl der Buße wird schnöde mißbraucht. Die Anklage über die Sünden des vergangenen ganzen Jahres beschränkt sich vielleicht auf einige Unterlassungs-Sünden, weiteren Fragen des Beichtvaters setzt der Beichtende ein einfaches: Ich weiß Nichts mehr! entgegen, womit sich jener begnügen muß. Kann da wohl von einer Herzenserneuerung, von einer Sinnesänderung die Rede sein? Aber nicht allein diese unterbleibt, sondern der Gleichgültige glaubt obendrein, seiner religiösen Pflicht genügt zu haben; er verfällt also in einen schreckenerregenden Sündenschlaf, woraus er vielleicht erst im Jenseits erwacht. Gott hat er nicht im Herzen, kaum im Munde, also kann von einem innigen Verkehr mit ihm kaum die Rede sein.

Woher diese immer mehr überhandnehmende Lauigkeit, welche alle wahre Religiösität untergräbt? Die vielen Äußerlichkeiten in der katholischen Kirche sind Schuld daran. Der wahre Herzensglaube kann sich aus diesem Gewirre von Zeremonien, Andachtsübungen, Bruderschaften, Abläßen u. s. w. nicht entwickeln. Es wird und muß zuletzt Alles rein mechanisch werden, trotz aller und der redlichsten Bestrebungen des Einzelnen. Obgleich die meisten Zeremonien eine herrliche Bedeutung haben, so werden sie doch von den Wenigsten verstanden oder auch nur richtig aufgefaßt. Aber auch ungeachtet der schönen Bedeutung nehmen die Zeremonien den sinnlichen Menschen zu sehr in Anspruch und deshalb sind sie verwerflich. Sie stehen dem engeren Verkehre, dem unmittelbaren Anschließen an Gott hindernd im Wege. Und darauf geht doch die wahre Religion stets hinaus, den Menschen möglichst enge an seinen Schöpfer zu knüpfen und beide mit einander zu verbinden. So faßten schon die Heiden das Wort „Religion" auf.

Jene Zeremonien haben nun allerdings sämtlich den Zweck, den Menschen auf Gott hinzuweisen, ihn dem Gedächtnis nahe zu bringen und seine Ehre zu vergrößern. Aber die Menge der Zeremonien, sowie auch das Gewicht, welches auf die Beobachtung derselben gelegt wird, läßt Gott in den Hintergrund treten, so daß der eigentliche Zweck vereitelt wird. Um einzelne Zeremonien herauszuheben, so läßt sich nicht leugnen, daß z. B. der Gebrauch des Weihrauchs beim feierlichen Gottesdienste sehr schön andeutet, daß das Gebet der Gläubigen zu Gott aufsteigen und ihm so angenehm sein möge, als dieses Räucherwerk. Aber ich zweifle daran, daß in einer ganz gefüllten Kirche der allerkleinste Teil der Besucher auch nur im Geringsten daran denkt. Man wird sich am Geruche erfreuen, aber damit sich auch begnügen. — Nehmen wir ein andres Beispiel. Wenn der Katholik in's Gotteshaus eintritt, so besprengt er sich unter dem Zeichen des Kreuzes mit Weihwasser. Dasselbe ist vom Priester geweiht unter vortrefflichen Gebeten, daß alle Diejenigen, welche es gebrauchen, sich durch wahre Reue reinigen mögen von allen Makeln der Sünde und so gereinigt das Gotteshaus betreten. Aber man stelle sich einmal an das Behältnis, worin an dem Eingange in die Kirche das Weihwasser aufbewahrt wird, und beobachte die sich Besprengenden. Man wird, ohne gerade ein großer Menschenkenner zu sein, sehr deutlich wahrnehmen, daß die große Mehrzahl ganz gedankenlos die so sehr bedeutungsvolle Zeremonie beobachtet;

an den Gesichtern ist es leicht zu erkennen, zumal wenn der Gottesdienst schon begonnen hat, dann wird alles im Laufe abgemacht. Und dennoch wird man sich vielleicht in der nächsten Beichte darüber anklagen, daß man so und so viel mal unterlassen habe, das Weihwasser zu nehmen; wie man es aber genommen hat, darüber sich anzuklagen, fällt selten Jemand ein.

O, es ist etwas Trauriges um diese mechanische Religionsübung! Nicht genug kann ich Gott dafür danken, daß seine Gnade mich in eine andre Sphäre versetzt hat, welche alle diese angeblichen Mittelchen zur Gottseligkeit verwirft. Ich fühle mich so frei, so wohl, als wenn ich von einem schweren Alp befreit worden wäre, der mich lange Jahre gedrückt und gequält hat. Denn ich will es nicht verhehlen, die Äußerlichkeiten der katholischen Kirche zogen mich anfangs mächtig an, so daß ich lange Zeit hindurch gerade in der eifrigsten Beobachtung derselben meine innerste Befriedigung suchte, ohne sie doch darin finden zu können. Als Priester eingehender mit der Bedeutung aller jener Zeremonien bekannt, bemühte ich mich stets, dieselben in richtiger Weise zu gebrauchen. Um so mehr fiel mir der mechanische Gebrauch der Mehrzahl auf, und diese Wahrnehmung hat mich oftmals in eine nachdenkliche Stimmung versetzt. Vielleicht war es der Anfang meiner Zweifel, durch welche hindurch der Allgütige mich so sorgsam geleitet hat, um mich zur wahren Erkenntnis zu führen. O mein Gott, bewahre mich und erhalte mich in dieser wahren Erkenntnis, mich, deinen unwürdigen Diener, den du der Verblendung entrissen und mit dem hellen Lichte deiner erbarmenden Gnade unverdientermaßen erleuchtet hast!

G., den 18. November 1870.

Das Gefühl des Dankes gegen den liebevollen Gott und zugleich das Bewußtsein meiner Unwürdigkeit, welche die mir zu Teil gewordene große Gnade um so heller hervortreten läßt, hatten meine Seele gestern so ergriffen, daß beide Gefühle mich noch heute Morgen beseelten, als ich das Lager in aller Frühe verließ. Ja fürwahr, mich jenem Wirrwarr von Äußerlichkeiten entrissen und in den Stand gesetzt zu sehen, daß ich ohne Vermittelung dem besten Vater im Himmel unverwehrt alle meine Bitten, alle meine Sorgen darbringen darf, ist eine unbeschreiblich große Gnade. Doch ich spreche von Sorgen, aber mit Unrecht; denn ich habe wirklich keine Sorgen. Mit jenem entscheidenden Schritte ist ein unsagbares Vertrauen zu Gott über mich gekommen. Ich fürchte geradezu Nichts, obgleich Anfechtungen aller Art nicht ausbleiben werden. Mögen sie kommen, ich vertraue fest auf den, der Himmel und Erde gemacht und mich armes Menschenkind in seine Hand geschrieben hat.

Es werden Verleumdungen wider mich nicht ausbleiben. Mein Lebenslauf ist ein eigentümlicher und gibt Anlaß zu den verschiedensten Deutungen; denn der Weltmensch deutet anders als der Christ. Ich habe es bereits gesagt, daß ich wieder in die evangelische Kirche aufgenommen worden sei. Das setzt eine frühere Angehörigkeit voraus, und so ist es auch wirklich mit mir gewesen. Ich bin im evangelischen Bekenntnisse erzogen und konfirmiert, zwar aus einer gemischten Ehe gebürtig, aber dem evangelischen Vater folgend. Mein Geburtsort, eine altkatholische Bischofsstadt, nährte meine Jugend mit Bildern aus dem katholischen Leben; das

Gymnasium, welches ich in meiner Vaterstadt besuchte, war überwiegend katholisch und fast ganz mit geistlichen Lehrern besetzt; meine Umgebung bildeten also bis zur Zeit, als ich das väterliche Haus verließ, fast nur katholische Elemente. Das evangelische Element ward allerdings von meinem guten Vater bestens gepflegt, ich wurde zum Besuche des Gottesdienstes, zur Hausandacht, zum Gebete von ihm fleißig angehalten, indessen wohl nicht immer in der richtigen Weise, vielleicht zu mechanisch; zudem war mein Vater ein eifriges Mitglied des Freimaurer-Ordens. Der uns wenigen evangelischen Schülern des katholischen Gymnasiums erteilte Religions-Unterricht beschränkte sich auf einige Stunden in der Woche und wurde von einem rationalistischen Geistlichen erteilt, dessen Zusprüche uns nicht zu Herzen drangen. Es war ein wässeriger Mischmasch von Tugendlehren, welcher uns statt der Wahrheit vorgesetzt und vordemonstriert wurde. Das Herz blieb sehr kalt dabei. So kam es denn auch, daß ich ohne nennenswerte Andacht zum ersten Male das hl. Abendmahl empfing, was ich unter den Augen meines Vaters noch einige Male wiederholte, darnach aber in der Welt gänzlich unterließ.

Wie äußerst wenig auf unsre Herzen eingewirkt worden war, zeigt mein Benehmen bei der Konfirmation. Es wurde diese alljährlich mit einigem Pomp in Szene gesetzt; besonders fehlten die heftigsten Rührszenen nicht, welche der Geistliche trefflich herbeizuführen wußte. Es wurde darüber auch von den Katholiken viel gespöttelt. Vielleicht mochte dieses dazu beitragen, — genug, ich verband mich mit zwei Genossen, von denen der Eine jetzt eine hohe Stellung im Staatsdienste einnimmt, zu dem festen Entschlusse, in keiner Weise der Rührung nachgeben zu wollen oder uns Thränen entlocken zu lassen. Ungeachtet aller Anstrengungen des Geistlichen blieben wir unserm Entschlusse getreu und verhinderten so vielleicht den letzten Anlauf der Gnade auf unsre Herzen. Das ungewöhnliche Benehmen erregte einiges Aufsehen und zog mir eine Rüge Seitens meines guten Vaters zu, der als Mitglied des Presbyteriums sich dadurch verletzt fühlte und mich schlechterdings nicht begreifen konnte. Diese oppositionelle Stellung gegen alles Gläubige begleitete mich später in die Welt, ich lebte in religiöser Beziehung ganz gedankenlos dahin, während ich in jeder andern Beziehung mein Wissen zu bereichern strebte und mich tief in's volle Leben hineinstürzte. Der liebevolle Gott leitete mich trotz meiner Gleichgültigkeit gegen ihn mit väterlicher Güte und bewahrte mich gnädigst vor den Gefahren der Welt, welchen ich, wie so Viele, nur zu sehr ausgesetzt war. Gewiß hat das fromme Gebet meines guten Vaters mir diese Gnade vermittelt, so wie auch seine vortreffliche Erziehung und meine dadurch erworbene äußere Stellung dazu beitrugen, das Verderbnis der Welt von mir möglichst fernzuhalten.

Es war mitten im bewegtesten Leben, während meines Aufenthaltes in der durch geistiges Leben sich auszeichnenden Handelsstadt L., als zuerst ein Strahl der Gnade mein verhärtetes Herz traf und erweichte. Nachdem verschiedene schwere Schicksalsschläge mich bereits so sehr getroffen, daß ich anfing, meinen Freunden durch ein verändertes und ungewohntes Wesen aufzufallen, brachte mich die gänzlich unerwartete Nachricht vom Tode eines der intimsten und geschätztesten Freunde in meiner Heimat, so wie von dem eben so unverhofften Eintritt des Bruders desselben in den geistlichen

Stand zum tiefsten Nachdenken. Das Eine wie das Andre machte mich sehr bestürzt, so daß ich einige Tage zu meinen gewohnten Beschäftigungen untauglich war. Alle jene weltlichen Vergnügungen und Genüsse, welche zuvor meine Seele ganz in Anspruch genommen hatten, kamen mir jetzt schal vor und widerten mich an. Eine furchtbare Leere entstand in meinem Innern, ein unbeschreiblich trauriger Zustand, an den ich noch jetzt mit Schrecken gedenke. Dazu kam noch, daß ich unter allen Bekannten und Freunden Niemand über diese Stimmung zu Rate ziehen konnte, es hätte mich Keiner verstanden. So war ich auf mich selbst angewiesen.

Wenngleich ich nun diesen ausgezeichneten Gnadenruf Gottes als solchen keineswegs erkannte, dazu war das religiöse, innere Leben zu sehr von mir vernachlässigt, so kam ich doch wenigstens bald zur Einsicht, daß es anders mit mir werden müsse. Und nun geschah es nach den unerforschlichen Ratschlüssen Gottes, daß ich, anstatt den väterlichen Rat in Anspruch zu nehmen und Gott da zu suchen, wo er ordentlicher Weise zu suchen war, nämlich in der evangelischen Kirche, mich an jenen Freund wandte, dessen Eintritt in den geistlichen Stand mich höchlichst überrascht hatte. Er befand sich im Priester-Seminar, um sich auf das geistliche Amt vorzubereiten, und kam mir auf das Liebevollste entgegen; es entspann sich eine lebhafte Korrespondenz zwischen uns, deren Resultat meine Rückkehr in die Heimat war und bald darauf meinen Übertritt zum katholischen Bekenntnis zur Folge hatte.

Verwundert wird man fragen, ob denn gar kein Einfluß Seitens meiner Familie oder der Gemeinde geltend gemacht worden sei? Das konnte nicht geschehen, da Alles so geheim gehalten wurde, daß jene zuerst Kunde von Allem erhielten, als es schon zu spät war. Es wurde nun ein durchaus verkehrter Weg eingeschlagen, wie es so häufig zu geschehen pflegt. Anstatt durch Güte mich von jenem verhängnisvollen Schritte zurückzuhalten, wurden die schärfsten Zwangsmaßregeln über mich verhängt, welche indeß, wie vorauszusehen, die entgegengesetzte Wirkung hatten. Ich wurde von meiner Familie verstoßen und erst nach Jahren wieder als Mitglied derselben betrachtet. Es versteht sich von selbst, daß ich durch diese und andre Maßregeln den katholischen Kreisen immer mehr und fester einverleibt wurde, während sie mich meiner Familie und den früheren Glaubensgenossen entfremdeten.

Hier zeigte es sich, wie viel stets auf die erste religiöse Grundlage ankommt. Alle Eindrücke aus der evangelischen Kirche, weil sie eben nur oberflächlich gewesen waren, konnten auch nicht haften; dagegen fanden die alten katholischen Erinnerungen leichter wieder Eingang, da sie schon frühzeitig die Sinne aufgeregt und gefesselt hatten. Und als ich nun erst den kunstreichen Bau der katholischen Kirche kennen lernte, mich den äußeren Gebräuchen willig unterwarf und in der Beobachtung derselben mein Heil suchte: da vergaß ich den Kern über die Schale, ich schätzte mich glücklich, einer so imposanten und, wie ich glaubte, einigen Gemeinschaft einverleibt zu werden. Daß es mir Ernst war mit der Sache, ist schon daraus zu ersehen, daß mit dem Übertritt zur katholischen Kirche sich zugleich der Plan in mir festsetzte, fortan Gott allein zu dienen und zu diesem Zwecke in den geistlichen Stand einzutreten. Mit Überwindung sehr bedeutender Schwierigkeiten, worunter der Ausschluß aus der

Familie mit seinen Folgen nicht die geringste war, gelang es mir nach kurzer Vorbereitung, in den Priesterstand aufgenommen zu werden, welchem ich bis jetzt angehört habe. Es wurden mir nach einander mehrere sehr verantwortliche Stellungen anvertraut, u. a. die Errichtung einer Missionspfarre in der Diaspora. Jene Vorbereitung, so wie diese Stellungen nahmen alle meine Kräfte so sehr in Anspruch, daß ich in der Verrichtung meiner Pflichten auch die innere Befriedigung zu finden glaubte; ich arbeitete gern im Weinberge des Herrn, ließ es mir aufrichtig angelegen sein, die mir anvertrauten Seelen zum Heile zu führen, erfreute mich der Anerkennung meiner Obern und hielt mich für glücklich.

Indessen hatte die Gnade des Herrn zu stark an mein Herz geklopft. Das gewonnene Resultat konnte mich wohl eine zeitlang befriedigen, aber die wahre Ruhe des Herzens war noch nicht gekommen. Das fühlte ich gar bald, als ich in meine Heimat zurück und in eine ruhigere Stellung versetzt wurde. Schon damals motivierte ich den Antrag auf Versetzung dadurch, daß ich die Befürchtung aussprach, es möge durch einen längeren Aufenthalt in der Diaspora meinem Glauben Gefahr drohen. Und so war es auch wirklich. Die überwiegend evangelische Bevölkerung, unter welcher ich lebte, war durchweg kirchlich und gar nicht so gestaltet, wie katholischerseits so gern von den Andersgläubigen behauptet wird. Man besuchte sehr fleißig die Kirche und ging häufig zum hl. Abendmahle. Insbesondere frappierte mich die Wahrnehmung, daß man in betreff der Sitten keineswegs auf einer tieferen Stufe stehe, als die Katholiken, was ich mir gar nicht erklären konnte. Denn ich hatte als Glied der alleinseligmachenden Kirche meine früheren Glaubensbrüder stets bemitleidet, daß ihnen so wenig Heilsmittel zu Gebote stehen, daß sie ohne diese ja unmöglich ihr Heil wirken könnten, und dieser Mangel auch in Bezug auf die Sitten und den Wandel sich äußerst fühlbar machen müsse. So war es uns stets gelehrt und es schien auch nicht anders sein zu können. Jetzt ward ich durch eigne Beobachtung eines Besseren belehrt und dadurch eigentlich der erste Zweifel angeregt, ob ich denn wirklich in der Wahrheit stehe.

Die Zweifel vermehrten sich, als ich in einer ruhigeren Stellung Zeit gewann, gründlichere Studien zu machen und freier mich umschauen zu können. Ein eifrigeres und unparteiisches Studium der Kirchengeschichte, an welches die gewonnenen praktischen Erfahrungen sich anlehnten, befestigten in mir die Überzeugung, daß einesteils in der katholischen Kirche manche Lehre Menschensatzung sei, und andernteils die Lehren der evangelischen Kirche mindestens der Prüfung wert seien und nicht sofort der Stab darüber gebrochen werden dürfe, wie das nur zu oft auch von mir nach dem Beispiel Andrer geschehen war. Ich emanzipierte mich also bereits insofern von der Auctorität der katholischen Kirche, als ich in gewissem Sinne eine freie Forschung für mich in Anspruch nahm, wie sie von ihr niemals geduldet wird, noch geduldet werden kann. Jetzt, wo ich frei zu urteilen vermag, erkenne ich deutlich, wie die Regungen der göttlichen Gnade wieder an jenen Ruf anknüpften, welcher damals an den Weltmenschen erschollen war.

Aber Gewohnheit, Rücksichten aller Art, sind sie nicht stets Hindernisse für den schwachen Menschen gewesen, dem Rufe der Gnade zu folgen? Auch mir erging es so. Jahre-

lang habe ich gezweifelt, aber ich konnte es nicht über mich
gewinnen, die gewonnene Überzeugung, daß die katholische
Kirche die allein wahre sei, freiwillig aufzugeben. Noch deut=
licher mußte erst der Gnadenruf erschallen, ehe ich mich dazu
entschließen konnte; Dank sei dem Herrn, der nicht nachließ,
mich armes, verirrtes Schäflein immer und immer von neuem
zu locken und endlich in den rechten Schafstall einzuführen.

Vorerst trug ich auf zwei Schultern. Ich glaubte un=
parteiisch zu handeln und genug zu thun, wenn ich die Lehren
beider Kirchen weiter durchforsche. Da kam mir ein eigen=
tümlicher Gedanke, der Beruhigung zu bieten schien. Bereits
war ich mit mehreren litterarischen Unternehmungen an die
Öffentlichkeit getreten, welche gut aufgenommen waren. Dieses
gab mir den Mut, der Wiedervereinigung beider Konfessionen
in verschiedenen Schriften das Wort zu reden und die Zu=
stände in denselben zu besprechen. Daß ich vornehmlich die
Lehre der katholischen Kirche, der ich ja noch angehörte und
die zu verlassen ich mich nicht entschließen konnte, anpries,
versteht sich von selbst, ohne daß ich mich übrigens irgendwie
unduldsam gegen meine früheren Glaubensbrüder erzeigte. Ich
handelte gewissermaßen instinktmäßig, anders kann ich es nicht
bezeichnen, um mich vor dem vermeintlichen Falle zu bewahren,
und setzte einzelne Lehren der katholischen Kirche so schlagend
auseinander, daß alle Rezensionen katholischer Blätter im
Lobe dieser Schriften einstimmig waren; nur allein der Ver=
fasser selbst war nicht davon befriedigt. Was ich damit er=
reichen wollte, nämlich Ruhe im Innern, habe ich nicht er=
langt. Und nun, nach dem Fehlschlagen des letzten Versuches,
schritt ich täglich rüstiger vorwärts; den Ausschlag gab das
s. g. Vatikanische Konzil und die sich herausstellende Uneinig=

keit in der katholischen Kirche. Ich fing allmählich an, den Einflüsterungen der Gnade Gottes geneigteres Gehör zu geben, zog mich hieher zurück, prüfte eifrigst und habe nun nach viermonatlicher Prüfung meine Überzeugung öffentlich ausgesprochen, indem ich gelobte, fortan als evangelischer Christ zu leben und zu sterben. Das Ergebnis meiner Prüfung habe ich in einer demnächst erscheinenden Schrift niedergelegt.

Man wird mir, das sehe ich voraus, das Härteste nicht ersparen, nämlich den Vorwurf der Charakterlosigkeit, der jeden ehrlichen Mann auf das Empfindlichste berühren muß, da ich jetzt abgeschworen habe, was ich vor Jahresfrist so energisch verteidigte. Indessen sei es darum. Mein Seelenheil steht mir höher, als alles Lob und aller Tadel der Welt. Äußere Rücksichten haben nicht den mindesten Anteil an dem gethanen Schritte, im Gegenteil, ich habe Alles verlassen; aber ich habe mehr wiedergewonnen, jene Ruhe in Gott nämlich, welche alle Ehren und alle Güter der Welt nicht aufzuwiegen vermögen.

Ja wahrlich, die Gnade Gottes hat Großes an mir gethan. Sie hat mir vergönnt, ein großes Unrecht wieder gut zu machen, welches ich durch den Übertritt zur katholischen Kirche verübte. O, die Gnade des Ausharrens, wird sie mir zu teil werden? Gewiß, ich hoffe es, da ich die feste und fröhliche Zuversicht hege, daß der Sohn Gottes auch für mich gestorben ist und daß sein unendliches Verdienst, welches ich mir durch einen herzlichen Glauben zueigne, hinreicht für alle Sünden meines ganzen Lebens. O Herr, bewahre und erhalte mich in diesem wahren Glauben!

G., den 19. November 1870.

Ja, der wahre Glaube, welchen die Gnade Gottes mich erkennen gelehrt hat, gibt mir die feste Bürgschaft, daß ich in ihm und durch ihn mein Heil wirken kann. Denn er ist mir nicht durch Menschen vermittelt, sondern durch den heiligen Geist, durch Gott selbst. Nicht die Forschungen des Verstandes haben ihn mir erworben und ausgeklügelt, auch nicht unter der Garantie einer sichtbaren Kirche ist er mir vermittelt; in beiden Fällen könnte er nicht anders als kalt und frostig zu Tage treten. Nein, hell und freudig durchstrahlt er mein Herz, erhellt und erwärmt er mein ganzes Wesen, so daß ein andrer, ein neuer Mensch aus mir spricht und sich in allen Regungen und Äußerungen kundgibt. **Das ist des heiligen Geistes eigenstes Werk.** Der Mensch kann nichts dazu thun, weder durch eignes Verdienst, noch durch die Verdienste Andrer.

Nachdem es mir jetzt wie Schuppen von den Augen gefallen ist, und das Wehen des heiligen Geistes in einem fröhlichen Glauben an das Verdienst Jesu Christi mein Inneres beseelt und in mir die innigste Liebe zum himmlischen Vater entzündet, kann ich mir manche früher unerklärliche Erscheinung aus dem katholischen Leben deuten. So erinnere ich mich aus der ersten Zeit desselben einer Frau, welche als ein Muster von Frömmigkeit galt, da sie mehrere Mal in der Woche zur Beichte und zum Abendmahl ging. Sie wohnte in meiner Vaterstadt und ich war genauer über sie unterrichtet; ich hatte sie stets nur als eine sehr heftige Person gekannt, welche im beständigen Kriege mit den Dienst-

boten lebte und das Regiment im Hause auf Kosten ihres
sehr duldsamen Ehemannes mit eiserner Hand führte. Davon
hatte ich mich oft überzeugen können, da ich als Knabe viel
in dem Hause verkehrte. Es hat mir später viel Kopfzer=
brechen verursacht, wie eine solche Gemütsart sich wohl mit
jener hervorstechenden Frömmigkeit vereinigen lasse, aber ich
ließ meine Gedanken nicht laut werden, um nicht gegen die
Nächstenliebe zu verstoßen. Jetzt ist mir die Erklärung nicht
schwer. Teils fühlte die Frau sich beruhigt durch die eignen
guten Werke, welche sie wirklich übte, teils stützte sie sich auf
die Verdienste, welche durch ihre häufigen Andachtsübungen
(denn sie war in vielen Gottesdiensten zu sehen) in Form
von Ablässen ihr vermittelt wurden.

Der Ablaß ist in Wahrheit ein überaus bequemes Aus=
kunftsmittel, um gottselig und doch nach gewohnter Weise
leben zu können. Alle jene falsche Heilige, von denen schon
früher die Rede war, benutzen gerade diese Lehre gern als
Deckmantel, um ihre eigne Unwürdigkeit in den Augen Gottes
zu beschönigen und auf leichte Art sich selbst als gerecht zu
erkennen.

Diese Lehre hat von jeher eine bedeutsame Rolle im
katholischen Bekenntnis gespielt (bekanntlich gab sie den An=
laß zur Reformation durch Luther), und doch ist sie dog=
matisch kärglich begründet. Die katholische Kirche lehrt nur,
daß sie Gewalt habe, Abläße zu erteilen, und daß es heil=
sam für den Christen sei, solche zu gewinnen. Die Not=
wendigkeit dazu wird nirgends behauptet, und doch greift
gerade diese Lehre unter den gläubigen Katholiken tief ins
Leben ein; die Lauen kümmern sich wenig oder gar nicht
darum, für sie ist die Lehre vom Ablaß eine Geheimnislehre.

Mir wollte anfangs gerade diese Lehre nicht recht einleuchten. Aber ich glaubte in aller Einfalt daran und bemühte mich herzhaft, recht viele Abläſſe zu gewinnen. Später legte ich als Studioſus der Theologie einſt einem Ordensgeiſtlichen, einem ſehr frommen Manne, mit dem ich innig verkehrte, meine Zweifel in betreff des Ablaſſes vor, indem ich zugleich die Meinung äußerte, daß wohl die einfachen Landleute am ſicherſten einen Ablaß gewinnen möchten. „Ja,“ antwortete er mir, „wenn das Korn gut gerät.“ Dieſe Antwort frappierte mich ungemein. Ich war gewohnt, von jenem Freunde Orakelſprüche zu hören, da ich ja noch ſo jung im Glauben war, und in aller Demut jede Zurechtweiſung dankbar anzunehmen. Aber es war eine richtige und treffende Antwort, wie ich nachher oftmals anzuſehen Gelegenheit hatte.

Da über den Ablaß unter meinen jetzigen Glaubensbrüdern gar verſchiedene Anſichten herrſchen, welche nicht immer die richtigen und oft für die Andersgläubigen kränkend ſind, ſo wird man es mir hoffentlich Dank wiſſen, wenn ich hier etwas näher darauf eingehe. Der Ablaß gründet ſich auf die Lehre, daß Chriſtus ſowohl, als auch die Heiligen ein ſ. g. überfließendes Verdienſt ſich erworben haben, und daß die katholiſche Kirche dieſen Schatz von Verdienſten im Beſitze habe und davon nach Belieben austeilen könne. Keineswegs aber ſoll dadurch eine Vergebung der Sünden bewerkſtelligt werden, denn dieſe geſchieht nur in der Taufe und im ſpäteren Leben durch die Beichte. Es iſt alſo falſch, von einer Sündenvergebung durch den Ablaß zu ſprechen. Daß dieſes zur Zeit der Reformation und vorher mißbräuchlich geſchehen iſt, läßt ſich jedoch nicht beſtreiten, und kein aufrichtiger Katholik kann und wird die hiſtoriſche Thatſache in Abrede stellen. Kommt es jetzt vielleicht noch hier und da vor, so beruht es auf Unkenntnis und Unwissenheit. —

Durch den Ablaß werden nicht die Sünden vergeben, sondern die zeitlichen Strafen derselben. Die katholische Kirche unterscheidet nämlich irrtümlich zwischen **zeitlichen** und **ewigen** Strafen der Sünde, während doch Christus durch seinen Versöhnungstod alle Sündenstrafen auf sich genommen und getilgt hat. Nach jener Lehre aber hat Christus nur allein die ewigen Strafen gebüßt, während die zeitlichen Strafen von jedem Einzelnen gebüßt werden und dafür Genugthuung zu leisten ist, wobei jedoch nicht ausgeschlossen ist, daß ein jeder auch, um das Verdienst Jesu Christi zur Nachlassung der ewigen Strafen zu erwerben, Genugthuung leisten und sich Verdienste sammeln muß. Man sieht, es handelt und dreht sich bei dem Katholiken immer um das eigne Verdienst, wodurch das alleinige Verdienst des Herrn Jesu notwendig in den Schatten gestellt wird. Der Katholik nimmt seinem Heilande gegenüber stets eine herausfordernde Stellung ein, während der evanglische Christ sich mehr und mehr vor Gott demütigt und Alles seiner Gnade zuschreibt, gewiß die dem unwürdigen und sündhaften Menschen einzig gebührende Stellung.

Weiter lehrt nun die katholische Kirche, daß die Erbarmung Gottes ihr jenen Schatz von überfließenden Verdiensten Christi und der Heiligen anvertraut habe, damit sie der Schwäche des Einzelnen in Form von Ablässen zu Hilfe kommen könne. In wie weit nun aber dem Einzelnen diese Hilfe zu statten kommt, das hängt von der Würdigkeit desselben ab. Somit ist niemand sich darüber jemals klar, ob er denn wirklich den begehrten Ablaß gewonnen habe oder nicht? Die dadurch notwendig herbeigeführte Unsicherheit zieht die schädlichsten Folgen nach sich. Sie setzt den Christen in eine Unruhe, welche für das Wirken des Heiles höchst nachteilig ist. Andrerseits kann sie auch trotz des Widerspruches in sich den Christen zu einer noch verderblicheren Sicherheit führen, was leider auch oft genug vorkommt. Jener fröhliche Glaube des evangelischen Christen jedoch, jene herzliche Zuversicht, daß er sich durch das alleinige und hinreichende Verdienst Jesu Christi seines Heiles getrösten und dessen gewiß sein könne; jene daraus entspringende dankbare Liebe, welche die Herzen zu guten Werken willig macht, ohne auf eignes Verdienst zu hoffen, — ist für den katholischen Christen nicht denkbar. Und das ist eben das Verderbliche der Lehre vom Ablasse, daß sie der gänzlichen Hingabe an Gott hindernd im Wege steht, obgleich sie dem Scheine nach dieselbe fördert.

Mit der Lehre vom Ablasse steht die Lehre vom Fegefeuer in innigster Verbindung, die eine bedingt die andre. Das Fegefeuer ist nämlich nach der Lehre der katholischen Kirche jener Ort, an welchem die zeitlichen Sündenstrafen abgebüßt werden; so lange das nicht geschehen, ist der Himmel verschlossen, da nichts Unreines in denselben eingehen soll. Dem gläubigen evangelischen Christen müssen beide Lehren als Spielerei mit dem Wichtigsten und Heiligsten vorkommen, und in der That, ohne meinen früheren Glaubensgenossen zu nahe treten zu wollen, ich meinesteils kann nicht anders darüber urteilen. Denn ich habe zu oft es angehört, wie man auf Ablaß und Fegefeuer seine Zuversicht setzte und in scherzendem Tone Trost darin fand, daß man wohl im Fegefeuer geröstet, aber doch nicht in der Hölle verbrannt werden würde.

„Ich habe zwar viel und oft gesündigt," sagt man z. B., „aber ich habe immer Alles ehrlich gebeichtet, bin stets absolviert vom Beichtvater und habe die Buße, die er mir auferlegte, nach Kräften erfüllt. Deshalb wird ja wohl der barmherzige Gott mit dem Fegefeuer zufrieden sein, und ich bin zufrieden, daß ich der Hölle entgehe." Solche Reden streifen sicherlich an Frivolität und gereichen der Gerechtigkeit Gottes und seiner weisen Vorsehung eben nicht zum Ruhme. Allerdings bemüht sich die katholische Lehre, den Gläubigen außer der Hölle auch das Fegefeuer recht heiß zu machen, damit sie sich nicht der Sorglosigkeit hingeben; aber sie hält fest, daß dasselbe nur ein vorübergehender Zustand der Läuterung sei, der unter allen Umständen mit dem Himmel endige. Es werden über diesen Zustand die vagesten Behauptungen aufgestellt, so z. B. daß eine Stunde im Fegefeuer einen tausendjährigen Schmerz hier auf Erden übersteige u. s. w. Gründe dafür können allerdings nicht angegeben werden, denn es ist noch niemand aus dem Jenseits zurückgekehrt; aber das unfehlbare Lehramt sagt es, und somit ist es wahr. — Man sollte es nicht für möglich halten, daß solche Lehren noch geglaubt würden, aber leider ist dem so. Dadurch regiert man die Masse, daß man sie einschüchtert.

Indessen wird auch wiederum Trost geboten. Denn jener Schatz, welchen die Kirche in Händen hat, ist unerschöpflich, und die Kirche ist keineswegs geizig damit. Mit jedem Schritt und Tritt kann der Katholik einen Ablaß gewinnen, wenn er die Meinung dazu hat; ein kurzes Gebet z. B. verschafft ihm schon einen vollkommenen Ablaß, d. h. es werden ihm alle zeitlichen Sündenstrafen auf einmal nach=

gelassen, wenn er den Ablaß wirklich gewinnt. Wie schon
gesagt, das kann ihm Niemand verbürgen, ob er ihn wirklich
gewonnen habe; er thut also wohl daran, so viel als möglich
davon aufzuspeichern. Da nun auch unvollkommene Abläße,
von 40 Tagen, 40 Jahren u. s. w. zu haben sind, so
sollte man glauben, daß man auch mehr davon erwerben
könne, als man nötig hat, und daß man endlich damit auf=
hören dürfe. Aber davon habe ich selten gehört, sondern
jeder neue Ablaß, der von der Kirche erteilt wird, und das
geschieht bei jeder sich darbietenden Gelegenheit, wird begierig
von der großen Masse zu gewinnen gesucht.

Die Abläße können nun auch fürbittweise für die Ver=
storbenen gewonnen und ihnen zugewendet werden. Es kann
also Jemand seinen geliebten Dahingeschiedenen Trost und
wirklichen Beistand im Fegefeuer leisten. Daß diese Lehre
die Pietät gegen die Verstorbenen steigert und das fromme
Andenken an dieselben fortwährend wach erhält, ist nicht zu
verkennen. Ob sie sich aber aus diesen Gründen rechtfertigen
lasse, ist eine andre Frage. Vor Allem weiß ja Niemand,
ob denn der verstorbene Vater oder Mutter oder Verwandte
wirklich im Fegefeuer sich befinde, oder nicht vielmehr schon
in die himmlische Glorie eingegangen sei. Jene Pietät leidet
augenscheinlich unter dieser Ungewißheit, da die Annahme des
Ersteren einen Schatten auf den Wandel des Verstorbenen
wirft. Man nimmt deßungeachtet gewöhnlich als das Sichere
an, daß der Verstorbene noch im Fegefeuer schmachte und daß
ihm geholfen werden müsse. Die Anstrengungen der Hinter=
bliebenen sind häufig sehr rührend, besonders bei einfachen
Landleuten. Man bemüht sich für die Verstorbenen und sucht
ihnen zu helfen, weil man sie vielleicht häufig im Leben be=

leidigt hat und das nun gern noch wieder gut machen will. Man scheut deshalb auch keine Kosten, denn ganz ohne Kosten darf ein Geschäft nicht sein, und hier ist es ja im eigentlichen Sinne des Wortes ein Geschäft für den Himmel. Es wird zwar immer behauptet, die Abläſſe werden umsonst erteilt, indeß bedarf diese Annahme doch einer Berichtigung.

Um einen Ablaß regelrecht gewinnen zu können, ist es nötig, so lehrt die katholische Kirche, daß man im Stande der Gnade sei, also vorher seine Sünden gebeichtet habe, und daß man ferner die zur Gewinnung des Ablaſſes vorgeschriebenen guten Werke genau verrichte. Als solche werden Beten, Fasten und Almosengeben betrachtet. Das Erste ist den Christen jeder Konfession vorgeschrieben, das Zweite irrig ein gutes Werk, das Dritte dagegen wiederum jedem Christen befohlen. Aber Niemand wird in Abrede stellen, daß von einem guten Werke als solchem nicht Rede sein kann, wenn es nicht freiwillig, sondern aus Zwang verrichtet, und wenn dafür Verdienst vor Gott beansprucht wird. Beides ist hier der Fall. Die Kirche zwingt, oder gelinder ausgedrückt, nötigt den Gläubigen zum guten Werke und führt ihn weiter zur Anmaßung, daß Gott ihm dafür zum Schuldner werde. Die Freiwilligkeit aber darf dem guten Werke um so weniger mangeln, als ja nach katholischer Lehre auch das Böse nur dann Sünde ist, wenn es mit freiem Willen verübt wird. Doch wir wollten nachweisen, daß der Ablaß auch Kosten nach sich ziehe. —

Das gebotene Almosengeben scheint an und für sich nicht drückend zu sein, da es stets heißt, man solle, um diesen oder jenen Ablaß zu gewinnen, ein Almosen nach Vermögen geben. Wieder ein sehr illusorischer Begriff; denn darnach kann der Ablaß dem Millionär sehr teuer zu stehen kommen, und im Verhältnis auch dem Geringeren. Es ist das Almosen hier also nichts Andres als eine Vermögen- oder Einkommen-Steuer, welche oft sehr drückend werden kann. Das, was zu Tetzel's Zeiten rubrikenartig geordnet und festgestellt war, ist jetzt mehr in das Belieben des Einzelnen gestellt. Aber auch hier tritt wieder jene Unsicherheit zu Tage, welche gerade dem Heilswerke fremd sein sollte. Denn wie will und kann ich bestimmen, ob ich meinem Vermögen gemäß gegeben habe?

Das Geschäft des Heiles hat aber in der katholischen Kirche auch sonst noch Kosten im Gefolge, namentlich für das Meßlesen der Priester. Solches geschieht niemals umsonst. Obgleich die Darbringung des Meßopfers für den Katholiken das Heiligste ist, so wird doch dieses Heiligste bezahlt, wenn auch nicht Handel damit getrieben wird, denn das ist unter schweren Kirchenstrafen verboten. Es ist in den einzelnen Diözesen von den resp. Bischöfen durch eine feste Taxe bestimmt, wie viel das Meßopfer koste; in den Diözesen Köln, Münster und Paderborn 10 Sgr. für eine sog. stille oder Lese-Messe, 20 Sgr. für ein Hochamt oder gesungene Messe, und so, je mehr Feierlichkeit, desto mehr Gebühren. Da die Taxe in den letzteren Jahren wegen der Steigerung aller Bedürfnisse auch mehrmals gesteigert wurde, so ist es nicht ungewöhnlich, daß beim Bestellen der Messe geradezu gefragt wird: Was kostet sie? eine Frage, welche mein Gefühl stets empörte und mir höchst widerwärtig war. Ich will nicht verhehlen, daß oftmals unter uns Priestern der Wunsch laut wurde, es mögen doch alle Gebühren für die Verwaltung und Spendung der Sakramente, besonders für die Messen, ihrer Widerwärtigkeit wegen abgeschafft werden. Die Messen können für alle möglichen Anliegen und Anlässe gelesen werden, und es wird auf diese Weise das Versöhnungsopfer unsers Herrn Jesu Christi, welches nach der Lehre der katholischen Kirche in jeder Messe unblutiger Weise wiederholt wird, mit den trivialsten Dingen in Verbindung gesetzt. Leider geschieht dieses nur zu häufig. Es hat Jemand z. B. einen Verlust gehabt, ein Stück Vieh oder Sonstiges verloren u. s. w., so läßt er vom Priester eine Messe in seiner Meinung (ad intentionem ist der technische Ausdruck) lesen, welche der Priester gar nicht kennt und auch nicht zu kennen braucht. Daß auch häufig abergläubische Zwecke mit unterlaufen, läßt sich leicht erklären. Gewiß will ich damit nicht sagen, daß ein redlicher Priester jemals seine Hand zu solchem Unfuge bieten werde; aber trotz aller Vorsicht ist der Mißbrauch nicht zu verhüten.

Insbesondere läßt man Messen lesen für die Ruhe der Abgestorbenen, sei es für Einzelne, oder für Alle. In jeder größeren Kirche ist für diese Messen ein besonderer Altar bestimmt, ein s. g. altare privilegiatum. Wenn die Messe für einen Verstorbenen an diesem Altare gelesen wird, so kommen der armen Seele durch den Priester alle jene Ablässe zu gute, welche an diesen Stein geknüpft sind. Haben, genau genommen, die Worte „Ablaßkram" und „Ablaßhandel" nicht noch heute ihre Bedeutung? Es gehört in streng katholischen Gegenden zum guten Tone, Messen für die verstorbenen Verwandten lesen zu lassen, das Unterlassen würde einer gottlosen Impietät gleichkommen. So werden denn ein Dutzend, ja Hunderte von Messen bestellt, damit die arme Seele

baldigst aus dem Fegefeuer befreiet und ihrer Banden ent=
ledigt werde.

O mein Gott, wie lange noch soll diese Verwirrung
in deinem Heiligtume herrschen? Ist denn eine würdige
Gottesverehrung mit diesen Gebräuchen, ich will die Sache
hier nicht greller bezeichnen, wohl in Einklang zu bringen?
Muß nicht die wahre und echte Frömmigkeit darunter leiden?
Es ließe sich noch viel darüber sagen; indessen ist es ja nicht
meine Absicht, in diesem Tagebuche über meine früheren
Glaubensgenossen zu Gericht zu sitzen, sondern Gott dafür
zu preisen, daß seine unverdiente Gnade mich eines Besseren
wert gehalten und mich der reinen Lehre wieder zugeführt
hat. Aber ich gedenke doch mit Wehmut aller jener Lieben,
welche ich zurückgelassen habe, und schließe den innigsten
Wunsch in mein Abendgebet ein, daß die Gnade Gottes auch
sie erleuchten und von jenen bedrückenden Fesseln frei machen
möge.

G., den 20. November 1870.

Heute ist der Tag des Herrn! Mit diesem erhebenden
Gedanken erhob ich mich vom Lager. Heute sollte ich ja
das große Glück genießen, zum ersten Male nach so langen
Jahren wieder als evangelischer Christ inmitten der Ge=
meinde Gott loben und preisen zu dürfen. Wie groß kam
ich mir deshalb vor, als ich den Kirchgang antrat, und doch,
wie klein jenen Landleuten gegenüber, welche von Kindheit
an so zufrieden und glücklich in ihrem Glauben leben,
während ich, trotz alles stolzen und hochmütigen Verstandes,
jetzt erst von der Gnade Gottes angenommen worden bin.

O Herr, mache mich immer mehr klein und demütig, damit desto mehr deine erbarmende Gnade in das wahre Licht trete und ich in ihr immer reichlicher gesegnet werde.

Als ich vor vier Monaten zum ersten Male in das hiesige Gotteshaus eintrat, ich erinnere mich dessen noch ganz genau, da kam ich mit dem Vorsatze, nicht zu sehr das Äußere des Gottesdienstes ꝛc. zu beachten. Hatte ich mich früher von dem prachtvollen Kultus der katholischen Kirche hinreißen lassen, so sollte mich nun das Gegenteil in der evangelischen Kirche nicht abschrecken. Der gnadenreiche Gott hat mich geführt, wie ein unmündiges Kind geführt und gestützt werden muß, ihm sei für jenen Vorsatz und dessen Ausführung Lob und Dank. Ungeachtet aller Anfechtungen bin ich diesem Vorsatze getreu geblieben, und zwar zu meinem Heile; denn wohl ist die Nüchternheit des evangelischen Gottesdienstes eine schroffe Klippe, an welcher bereits manches redlich suchende Gemüt gescheitert ist.

Die Gnade muß den Menschen schon stark ziehen, wenn er den äußeren sinnlichen Eindrücken Valet sagen und denselben widerstehen soll. Erst wenn man, wie ich, den ganzen Läuterungs-Prozeß glücklich überstanden hat, vermag man zu ermessen, wie stark jene sinnlichen Bande den Menschen umstricken und festhalten. Jetzt, wo ich einem freigewordenen Vogel gleich den Käfig der Äußerlichkeiten verlassen und dieselben als unwichtig erkannt habe, jetzt erst sehe ich es so recht ein, wie die Anbetung Gottes im Geiste und in der Wahrheit keiner Äußerlichkeiten bedarf, vielmehr dadurch gehindert wird. Sie halten den Menschen an der Erde zurück, anstatt ihn zu Gott emporzuheben, denn sie sind nur auf den sinnlichen Menschen berechnet, sie bestärken ihn in der

Sinnlichkeit, anstatt ihn davon loszureißen. Ein sinnlicher Mensch aber kann sich mit Gott nicht wahrhaft vereinigen. Gott kann von dem sinnlichen, natürlichen Menschen nicht erkannt werden, wenigstens nicht als der allerbarmende, liebevolle Vater. Dazu bedarf es des Glaubens an die Offenbarung, und zwar eines Glaubens, welcher alle Sinnlichkeit fahren läßt und in aller Demut Gott den Herrn als solchen anerkennt trotz der eignen, natürlichen Kräfte.

Der katholische Kultus schmeichelt den Sinnen ungemein. Der Gottesdienst der evangelischen Kirche sticht davon so sehr ab, daß man augenscheinlich sieht, wie alle Einrichtungen darauf hinaus gehen, das Grundprinzip möglichst aufrecht zu erhalten. Und dieses läßt allerdings ein Sichgeltendmachen des Äußeren nicht zu, ohne dasselbe jedoch gänzlich zu verwerfen; es darf nur das Heil nicht davon abhängig gemacht werden. Daher sieht man an vielen Orten, besonders in reformierten Gemeinden, die Gotteshäuser in äußerster Nacktheit und Einfachheit, während in den lutherischen Gegenden manche Einrichtungen zu treffen sind, welche an den katholischen Kultus erinnern und auch wohl von da beibehalten wurden. Wenn man so häufig von einer Zerrissenheit in der evangelischen Kirche spricht, so gibt diese verschiedenartige Einrichtung im Äußeren wohl besonders Anlaß dazu. Aber abgesehen davon, daß auch in der katholischen Kirche eine absolute Einheit im Kultus nicht zu ermöglichen ist (selbst die wichtigste Feier, die Messe, ist bei den lateinischen Katholiken ganz anders als bei den Armeniern, unirten Griechen ꝛc.), so zeigt das nur, mit welcher Gleichgültigkeit man dergleichen Äußerlichkeiten in der evangelischen Kirche betrachtet. Der evangelische Glaube nimmt den inneren Menschen in Anspruch, ohne den äußeren großer Beachtung wert zu halten. Deshalb überläßt man den einzelnen Gemeinden getrost die äußere Einrichtung des Gottesdienstes, da es unmöglich ist, daß dadurch Schaden geschieht, wenngleich hier und da Verschiedenheiten im Kultus stattfinden. Das Wesen des Glaubens wird dadurch nicht berührt.

In der hiesigen Gegend, am Niederrhein, vermischen sich lutherische und reformierte Gemeinden, so daß mir Gelegenheit geboten wurde, die verschiedenen Einrichtungen kennen zu lernen. Es war dieses für mich als katholischen Priester nur insofern von Interesse, als ich gründlich von der Ansicht geheilt wurde, daß die äußeren Zeremonien für den sinnlichen Menschen in bezug auf die Gottesverehrung wichtig seien. Als ich zum ersten Male hier dem Gottesdienste beiwohnte, ward ich allerdings eigentümlich bewegt durch die Einfachheit desselben, wie der Umgebung. Jener durch die Gnade Gottes mir eingeprägte Vorsatz half mir über den ersten Eindruck hinweg, so daß ich zur ruhigen Prüfung gelangte, und gar bald sah ich ein, daß die einfachste Konsequenz hier angewendet sei. Was aber in sich selbst schon eine gewisse Berechtigung hat, verdient stets Beachtung und muß auch eine gründliche Untersuchung aushalten können. Jetzt bin ich mir über diese äußere Einfachheit des Gottesdienstes und auch der Gotteshäuser so klar geworden, daß ich kaum meine frühere Vorliebe für äußere Pracht ꝛc. begreifen kann. Denn ich sehe ein, wie gerade diese Einfachheit im Äußeren am besten geeignet ist, die wahre Gottesverehrung zu fördern und den Menschen dafür willig zu machen.

Es ist wahr, wenn ich in einen alten gotischen Dom eintrete, so umfangen mich süße Schauer der Andacht, ich fühle gleichsam die Nähe der Gottheit; aber gleiche Gefühle habe ich auch, wenn ich in einen mächtigen Hochwald eintrete, oder wenn ich sinnend am Ufer des nahe gelegenen Rheines verweile, oder wenn ich ein prächtiges Abendrot bewundere u. s. w. Diese Schauer der Andacht sind indessen, je nach der persönlichen Beschaffenheit der Individuen, gar verschieden, und es wird wohl keinem vernünftigen Menschen einfallen, sie an die Stelle wirklicher Andacht setzen zu wollen. Denn die wahre Andacht ist nicht im mindesten an Äußerlichkeiten gebunden, sondern besteht lediglich in der Hinneigung des Herzens zu Gott, welche, je freier von Äußerlichkeiten, auch desto inniger sein wird. Versetze ich mich jetzt im Geiste in eine alte katholische Kirche, so meine ich erdrückt zu werden von allen jenen Tempel-Zierrathen, welche allerdings eine hohe Bedeutung haben, aber vorläufig doch nur das Auge und die Sinne überhaupt fesseln und der geistigen Auffassung hindernd im Wege stehen. Sehe ich mich dagegen in dem hiesigen freundlichen, aber aller jener Zierrathen entkleideten Gotteshause um, und komme ich hinein mit dem einzigen Vorsatze und Gedanken, Gott zu loben und zu preisen, so steht dieser meiner Absicht nichts im Wege. Alles treibt mich dazu an, nichts hält mich davon ab, mit der Gnade Gottes wird es mir also leichter, als dem Katholiken, gelingen, eine wahre Herzens-Andacht zu erwecken und mich Gott ganz hinzugeben.

Dazu trägt auch die ganze Einrichtung des Gottesdienstes bei; sie ist einfach, würdig, dem Zwecke entsprechend und angemessen. Ein der Feier des Tages angepaßtes Lied eröffnet den Gottesdienst, inbrünstige Gebete vor und nach der Predigt, welche gewöhnlich nicht nach Formularen abgeleiert, sondern vom Geistlichen frei gesprochen werden, sowie die Predigt selbst machen ihn aus.

Daß Luther das Kirchenlied erst wieder in den öffentlichen Gottesdienst gebracht und so dem Volke zugänglich gemacht hat, läßt sich wohl nicht bestreiten. Er selbst hat 37 der schönsten Lieder gedichtet und dafür Sorge getragen, daß dieser Schatz durch Beiträge gottesfürchtiger Männer und Frauen vermehrt wurde. Zumeist ist der Inhalt der Bibel, besonders den Psalmen entnommen, wie ja das Wort Gottes den Angelpunkt alles evangelischen Glaubens und Lebens bildet. Kernige und ansprechende Melodien unterstützen den Gesang dieser Lieder, denen eine Fülle kräftiger Gedanken zu Grunde liegt und die von jedem verstanden werden. Und aus vollem Herzensgrunde ertönt nun das Lob Gottes von seiten der Gemeinde, es ist eine wahre Lust, mit einzustimmen in den Jubel und Gott, dem man sich geistig nahe weiß, zu loben und zu preisen. Wahrlich, das ist wahre und würdige Gottesverehrung!

Wie ganz anders aber steht es mit dem Gesange im katholischen Gottesdienste. In den Hauptgottesdiensten erheben einzig und allein der Priester und einige bezahlte Männer ihre Stimmen, während das arme Volk schweigt und stumm den Gesang anhört. Eine wirklich kuriose Idee, Gott durch andre für sich loben zu lassen! Nirgends tritt das Gemachte im katholischen Gottesdienste so hervor, wie gerade hier. Dazu kommt noch, daß der Gesang, wenn auch an sich erhebend, mit seinen gewiß ebenfalls erhebenden Worten von den Zuhörern nicht verstanden wird, da man stets sich der lateinischen Sprache bedient. Wenngleich der gebildete Katholik eher zu folgen im Stande ist, so ist doch

für die große Masse alles mehr ein Schaugepränge und
theatralischer Pomp. Es wird wohl eingewendet, das Volk
kenne den Gang des Gottesdienstes, besonders der Meßfeier,
ganz genau und wisse demselben gut zu folgen. Aber wenn
das auch wahr ist und man allerdings beim Schalle der
Meßglöckchen, welche bei den Hauptteilen ertönen, sich zur
Erde beugt und so äußerlich die Teilnahme an der Handlung
zu erkennen gibt, die Teilnahme im Innern kann keine auf=
richtige sein und ist es auch nicht. Meine Erfahrungen be=
rechtigen mich zu diesem Urteile. Das Gepränge der Zere=
monien und der frembartige Gesang schmeicheln nur dem
Auge und Ohr, lassen aber das Herz kalt, indem sie alle
Aufmerksamkeit in Anspruch nehmen. Ich habe mich deshalb,
wenn es zulässig war, gern in eine entlegene Ecke begeben,
wenn ich der Messe beiwohnte, um dort ungestört von
äußeren Eindrücken mein Herz in Andacht zum Herrn erheben
zu können. Und so machen es gern alle Diejenigen, welche
nicht mechanisch die Kirche besuchen, ein Beweis, wie un=
nötig und überflüssig die Zeremonien sind. Solche Störungen
und Hemmnisse seiner Andacht hat der evangelische Christ
in der Kirche nicht zu fürchten.

Wenn schon der Gesang als ein ganz besonderes För=
derungsmittel der Andacht im evangelischen Gottesdienste be=
trachtet wird, so wird ein noch größeres Gewicht auf die
Predigt gelegt. Im allgemeinen besteht dieselbe in der Er=
klärung eines biblischen Textes aus dem alten oder neuen
Testamente. Und hier ist gegenüber der katholischen Weise
der Predigt ein Moment nicht genug hervorzuheben, daß
nämlich das Verständnis der evangelischen Predigt von den
Zuhörern ohne Schwierigkeit aufgefaßt wird, was nicht immer

von der anderen Seite gesagt werden kann. Denn der evangelische Christ ist in der Bibel zu Hause, da sie sein tägliches Hausbuch ist. Da nun die Predigt meistenteils sich ganz genau an den Text anschließt, so darf der Gläubige, wenn er etwa derselben nicht folgen konnte, nur zu Hause den Text zur Hand nehmen, was auch sehr häufig geschieht, und er wird leicht das Verständnis vervollständigen, wenn es nötig war. Das kann der Katholik selten oder niemals, denn er ist in den meisten Fällen auf das einmalige Anhören der Predigt angewiesen. Der katholische Prediger nimmt gewöhnlich aus dem betreffenden Evangelium eine Wahrheit heraus, welche er in logischer Auseinandersetzung den Zuhörern klar zu machen und ins Herz einzupflanzen sich bemüht. An ein weiteres Nachschlagen und Ergänzen des Gehörten ist deshalb nicht zu denken. Daß also die gewünschte Wirkung der Predigt eher dem evangelischen, als dem katholischen Christen zuteil werden muß und kann, das zu beweisen ist wohl unnötig.

Der heutige Gottesdienst hatte eine besondere Feier zum Gegenstande, nämlich das Totenfest. Gewiß ein Gebrauch, der aus der katholischen Kirche beibehalten ist, in welcher ja auch am Tage nach Allerheiligen der s. g. Allerseelen=Tag gefeiert wird. Die Feier dieses Tages hatte mich stets sehr ergriffen. Man besucht die Gräber, schmückt dieselben aus, betet für die Bewohner derselben und fleht Gott an, ihnen Barmherzigkeit widerfahren zu lassen. Die heutige Feier hatte einen ganz anderen Charakter. Mein Hausherr, den ich beiläufig zu den vorzüglicheren Kanzelrednern rechnen darf, erbauete mich sehr durch seine Predigt, welche, ohne es zu wollen, in schlagender Weise den Unterschied zwischen der

Totenfeier der evangelischen und der katholischen Kirche zu meinem großen Troste darstellte. Er legte die Erzählung vom erweckten Lazarus zu Grunde und zeigte daran in drei Stationen, Krankheit, Tod und Grab, daß die Gewißheit der Auferstehung auch des sterblichen Leibes die Widrigkeit dieser letzten Dinge mildere und sogar tröstlich mache. — Wie verschieden von den Schreckbildern der katholischen Kirche, welche die allgemeine Sündhaftigkeit des Menschengeschlechtes gewissermaßen erst im Tode geltend macht, indem sie lehrt, daß die ungeheure Mehrzahl der Christen vor dem Eintritt in den Himmel noch einen Läuterungsprozeß durchzumachen habe, der im Fegefeuer abgeurteilt werde. So hält sie sogar noch nach dem Tode die armen Seelen fest, welchen vielleicht dieses irdische Jammerthal mit all seiner Misere mehr als Fegefeuer war. O warum denn soll ich immer zweifeln an der Barmherzigkeit Gottes? Ist Gott doch langmütig und barmherzig über alle Maßen, warum also diese finsteren Vor=stellungen vom Jenseits, welche den Christen nur entmutigen, aber keineswegs ihn stark in der Hoffnung und in der tröst=lichen Zuversicht machen werden, daß der Herr Jesus Christus ihn von allen Sünden erlöset habe.

Diese tröstliche Zuversicht, welche den gläubigen evan=gelischen Christen durch das irdische Leben hindurch begleitet und ihm dasselbe erheitert und verschönert, fehlt dem katho=lischen Christen ganz und gar. Jene schon erwähnte Un=sicherheit in Sachen seines Heiles läßt ihn nicht zur Ruhe kommen; ja, je mehr er darauf bedacht ist, für sein Heil zu wirken, desto größer wird seine Unruhe werden. Woran liegt es? Der katholische Christ, je gläubiger er ist, desto mehr wird er seiner Verdienste vor Gott inne werden, und statt sich ihm zu nähern, sich immer mehr von ihm scheiden und zurückziehen; der evangelische Christ dagegen, je gläubiger er ist, desto mehr wird er sich seiner **Sündhaftigkeit** und seiner **Verdienstlosigkeit** vor Gott inne werden, und so wird er immer vertrauensvoller sich Gott hingeben und alle seine Hoffnung auf ihn allein setzen. Und je mehr die Gnade Gottes ihn von sich selbst und seiner sündhaften Natur losmacht, desto inniger wird er zu Gott aufschauen, sich ganz in ihn versenken, und, da das Wesen Gottes erbarmungsvolle Liebe und Güte gegen uns arme Menschenkinder ist, jene tröstliche Zuversicht in immer höherem Grade erlangen, welche ihm bereits hier im irdischen Dasein einen Vorgeschmack von der himmlischen Glückseligkeit gibt.

Aber kann diese tröstliche Zuversicht nicht mißbraucht, nicht ein Ruhekissen für den Sünder werden? Diese Frage, welche schon häufig von den Andersgläubigen aufgeworfen worden ist, läßt sich nicht mit wenigen Worten abfertigen. Heute ist es zu spät dazu, ich will die Beantwortung einem der nächsten Tage vorbehalten. Dem Herrn der Heerscharen aber, dem König aller Könige sei Lob und Preis, daß er mich winziges Stäublein seiner liebevollen Beachtung gewürdigt und die Gnade jener tröstlichen Zuversicht mir zugewendet hat. Ihm allein gebührt die Ehre, o daß sie ihm doch niemals wieder von mir geschmälert würde!

G., den 24. November 1870.

„So klein wie Pütti!" Man möge mich nicht für kindisch halten, wenn ich ein halbjähriges Kind in meinem Tagebuche erwähne, ein süßes, herziges Kind, dem das kaum ein Jahr

ältere Brüderchen jenen Namen beilegte. Mit diesen beiden
überaus liebenswürdigen Knäblein, Karl und Heinrich, hat
der Herr das Ehepaar gesegnet, in dessen Gemeinschaft ich
die verflossenen vier Monate verlebte. Mögen sie zur Freude
ihrer glücklichen Eltern heranwachsen und in allem Guten
gedeihen! Sie haben mir manche traurige Stunde erheitert
und ihr unmündiges Lallen hat dem Herrn vielleicht mehr
Lob bereitet, als die kunstreichsten Reden, welche zum Lobe
des Allerhöchsten gehalten werden.

So klein wie Pütti! Ja, so klein möchte ich in den
Augen Gottes werden, wie dieses liebe, unschuldige Kind jetzt
in den Augen der Menschen erscheint; so kindlich meine Arme
Gott entgegen strecken, wie es seine Ärmchen mir entgegen
streckt, wenn ich mich mit ihm beschäftige; so hilflos mich der
Gnade Gottes gegenüber erkennen, wie dieses ebenso liebliche
als hilflose Kind in seiner kleinen Lagerstätte daliegt; so
unschuldig und rein stets mein Leben dem himmlischen Vater
darbringen und so unschuldig und rein ihm ins Angesicht
schauen können, wie dieses unschuldige Kinderauge seinen
Eltern entgegen lächelt. O, über so manches kann uns ein
Kind belehren, wenn wir es nur verstehen wollten. Aber
unser Hochmut läßt das nicht zu. Er läßt uns vergessen,
daß all unser eingebildetes Wissen nichts als Stückwerk ist,
dem einzigen Wissen gegenüber, welches allein zum Heile
führt, nämlich dem Wissen von Gott. Die Liebe der un=
schuldigen Kinder gegen uns belehrt uns, wie auch wir als
Kinder Gottes in aller Einfalt und Freundlichkeit ihn wieder
lieben sollen, der uns zuvor so sehr geliebt, daß er sein
Leben für uns dahin gegeben hat. O wohl sagt uns ein
Blick des unmündigen Kindes mehr, als der hochmütige Ver=

stand mit aller seiner Klugheit zu beweisen vermag. Ich preise Gott, daß er mich stets den Umgang mit Kindern hat liebgewinnen lassen; ich habe viel von ihnen gelernt und bin fest davon überzeugt, daß das treue Gebet dieser Schar kleiner Freunde mir viel genützt hat.

Als ich hieher kam, da hielt ich mich nicht für klein, im Gegenteil, ich maßte mir z. B. recht viel auf meine Stellung als katholischer Priester an. Und es ist wahr, nach katholischer Anschauung übersteigt die Stellung desselben alle Ehrenstellen der Welt, da ihm die ungeheure Gewalt erteilt ist, Brot und Wein in Christi Leib und Blut zu wandeln, die Sünden zu behalten oder davon zu absolvieren, die Segnungen der Kirche den Gläubigen zu vermitteln u. s. w. Der Respekt vor dem Priesterstande ist deshalb so groß, daß zuweilen Eltern ihren Söhnen gegenüber nach deren Eintritt in den Priesterstand das vertrauliche „Du" nicht beizubehalten wagen, wenngleich das allerdings nur Ausnahmen sind.

Ich kam hieher mit dem festen Vorsatze, ernstlich mich zu prüfen und der traurigen Verwirrung in meinem Innern ein Ende zu machen. Das Leben war mir fast unerträglich geworden; ich muß gestehen, verzweifelte Gedanken erfüllten oft mein Herz, Gedanken, deren ich mich tief schämen müßte, wenn sie mit Überlegung in mir unterhalten worden wären. Sie sowohl, wie die auffallende Erregung jenes Priesterstolzes waren offenbar das Werk des Feindes der Wahrheit, der, meinen Hochmut und meine Verwirrung benutzend, die guten Vorsätze zu erschüttern und die beabsichtigte, heilsame Prüfung zu verhindern suchte. Aber je härter der Kampf, um so glorreicher der Sieg, den hier die Gnade Gottes erfochten hat; denn meine Bemühungen haben es nicht gethan, sie

widerstrebten eher der Gnade, als daß sie ihr den Weg ge=
bahnt hätten. In Demut und vollster Unterwürfigkeit lege
ich dieses anscheinend für mich so beschämende Geständnis ab
und gebe Gott allein die Ehre, wovon mir auch nicht das
mindeste zukommt. Und doch erfüllt dieses Geständnis mein
Herz zugleich mit einer Freudigkeit, welche ich nie zuvor ge=
kannt habe. Dieses Gefühl der gänzlichen Abhängigkeit ist
mir so süß und erquickend, daß ich es nicht für alle Güter
und Ehren der Welt eintauschen möchte. Denn ich habe nun
den Trost, ein Kind Gottes nicht allein zu heißen, sondern
auch zu sein; ich habe nun die tröstliche Zuversicht, auch
wenn alle Welt mich verließe, von Gott nicht verlassen zu
werden. Dieser Zuversicht, dieses Trostes bin ich so gewiß,
daß ich, wäre es nötig, mein Leben gern zum Zeugnis dafür
hingeben würde.

Mit schmerzlicher Trauer gedenke ich jedoch jener trüben
Zeit, weil ich in ihr meiner Umgebung vieles und großes
Leid bereitet habe. Man kam mir mit der größten Liebe
entgegen, aber in meinem Starrsinne, in meinem Stolze ver=
kannte ich oftmals diese treue Liebe, welche ich nie zu ver=
gelten vermag. Jetzt erst, wo die Gnade mir alle beengenden
Fesseln abgenommen hat und ich mit freiem Blicke die Ver=
gangenheit überschauen kann, habe ich das wahre Verständnis
für die Duldsamkeit, welche mir so überreich entgegen getragen
wurde. Und doch war diese Duldsamkeit von aller mensch=
lichen Berechnung frei. Es konnte auch nicht anders sein,
da die Gefühle des Hochmutes und der Ergebung in die
Gnade Gottes beständig bis zu der Entscheidung in mir
stritten und dieser Zwiespalt offen zu Tage trat, so daß
fast bis zum letzten Augenblicke meine Umgebung im Zweifel

darüber war, welchen Entschluß ich fassen würde. Gelobt sei Gott, der alles zum besten lenkte, und heißer Dank besonders dem Hausherrn und seiner Gemahlin, welche beide mir solche ausdauernde und duldsame Liebe bezeigt haben. Ach, ich kann ihnen nimmer diese Liebe vergelten, der liebe Gott muß hier für mein Unvermögen einstehen; er, der mich so großer Gnade gewürdigt hat, wird meine Bitte gewiß erhören. — Mein innigster Dank aber auch nochmals jenen beiden frommen Seelen, der Mutter und Schwester meines Hauswirtes, welche sich des armen Verlassenen in den schlimmsten Tagen so teilnehmend und liebreich annahmen. Möge der liebe Gott es ihnen hundertfältig lohnen, wie er es ja verheißen hat, meiner dankbarsten Liebe mögen sie stets versichert sein. — Dank endlich auch nochmals jenem lieben Freunde und dessen verehrtem Schwiegervater, derer ich ebenfalls schon an meinem Ehrentage gedachte. Die Gnade Gottes hat sie auserkoren, daß sie mir den ersten Anstoß gegeben haben zur Erkenntnis der Wahrheit und sich meiner Verlassenheit annahmen. Mein herzlichster Dank wird ihnen stets verbleiben und Gott wird ihre Geduld krönen, welche besonders der gute Th. reichlich an mir empfindlichem Menschen verschwenden mußte.

Ja, jetzt erst weiß ich alle diese Liebe zu ermessen, jetzt erst sehe ich ein, wie geduldig die wahre Liebe ist. Aber damals hatte ich kein Verständnis dafür; ja ich ging so weit, dieselbe als etwas Selbstverständliches anzusehen, auf dieselbe ein gewisses Recht zu behaupten, da häufig der stolze Wahn in mein Herz einschlich (die Gnade Gottes erleichtere mir das Geständnis dessen, was doch wohl zumeist das Werk des bösen Feindes war), daß nicht ich, sondern die evangelische

Kirche sich zu meinem demnächstigen Entschlusse Glück zu
wünschen habe. O Gott, mache mich klein, wie jenes lieb=
liche Kind, ich finde nicht so viel Gutes an mir, als an
diesem noch unzurechnungsfähigen Würmlein erfunden wer=
den kann!

Der Feind der Wahrheit trieb sein loses Spiel mit
mir, aber die Macht der göttlichen Gnade überwältigte ihn.
Ich gedenke des Anfanges meiner Bekehrung, welchen ich
glaube deutlich bestimmen zu können. Es war nach einem
dreiwöchentlichen Aufenthalte hierselbst, als ich, getrieben von
verschiedenen Einflüssen, den Entschluß faßte, alles aufzugeben
und wieder in die früheren Verhältnisse zurückzukehren. Da
drängte zum ersten Male die erbarmende Gnade sichtbar auf
mich ein. Sie verhinderte die vorschnelle Ausführung meines
Vorhabens und trieb mich an, einen benachbarten, älteren
Geistlichen, den Pastor B. in H., aufzusuchen, um ihm mein
Herz auszuschütten. Dahin ließ es die Gnade Gottes nicht
einmal kommen; wohl habe ich ihn mit meinem Besuche,
aber nicht mit meinem Kummer belästigt. Der zweistündige,
einsame Weg zu ihm war die Rennbahn, auf welcher die
zuvorkommende Gnade mich das erste Reis jener Krone der
Beharrlichkeit erwerben ließ, welche dem kämpfenden Christen
hinterlegt ist. Nie werde ich diese Stunden vergessen. Sie
haben einen schrecklichen Kampf gesehen, geführt zwischen dem
Herrn der Finsternis und dem Herrn des Lichtes um meine
arme Seele. Aber die Gnade des Herrn siegte, und als ich
das Haus jenes geistlichen Freundes betrat, hatte der Kampf
vorläufig geendet und heitre Ruhe stärkte, wenn auch nur
auf kurze Zeit, zum ersten Male mein armes Herz. Ich bin
nicht Dichter, aber die Not machte mich dazu und gab mir,

unter dem Beistande des heiligen Geistes, von dem ja alle guten Gaben kommen, auf jenem mühevollen Gange folgendes kleine Gedicht ein, dessen Worte mich auch später noch oft getröstet haben:

Mein Herz, schweig' still!

Mein Herz, schweig' still, und laß' das Sorgen,
Verscheuche jeden trüben Sinn,
Vertrau' auf Gott, du bist geborgen,
Auf Ihn nur blick' beständig hin.
Er läßt dich nicht zu schanden werden,
Er schützt, Er hilft auf dieser Erden,
In aller Not steht Er zu dir: —
Komm', spricht Er, komm', o Mensch zu mir!

Mein Herz, schweig' still, und laß das Trauern,
Verzage nicht, noch lebt dein Gott.
Fest steht Sein Wort, als wie auf Mauern,
Den Thoren nur ist es ein Spott:
„Ihr Alle, die ihr seid beladen
„Mit Geistesplag' und Leibesschaden,
„Erquicken will ich euch zur Stund'!" —
So spricht des Herren heil'ger Mund.

Mein Herz, schweig' still, und laß' das Klagen,
Und murre ferner nimmermehr
Dein Leiden sollst du willig tragen,
Und schien es dir auch fast zu schwer.
Dein Heiland trug das Kreuz unschuldig,
Er litt die schwerste Pein geduldig:
Willst du vielleicht gesegnet sein,
Da Er erleidet große Pein?

So schweig' mein Herz, und blick' nach Oben,
Zum Himmel wende treu dich hin;
Ja trotz der Not den Herrn sollst loben
Mit heit'rem, unverzagtem Sinn.

Hör' an, was dir vom Kreuzesstamm
Zuruft das teure Gotteslamm:
Gelitten hab' ich gern für dich, —
So leide du auch gern für mich!

Als ich hieher zurückkehrte, war der erste entscheidende Schritt zum Besseren geschehen. Ich erklärte, daß ich bleiben würde, und gab mich wieder den gewohnten Beschäftigungen hin.

Der Prozeß war in erster Instanz für den Feind der Wahrheit verloren, aber damit noch keineswegs von ihm aufgegeben. Er suchte mir auf gelindere Weise beizukommen und mich von der Erkenntnis der vollen Wahrheit zurückzuhalten. Indessen geht es mit der Gnade, wie mit dem Eisgange, den ich hier an den Ufern des Rheines bald in Wirklichkeit vor Augen haben werde. Ist das Eis einmal durchbrochen, so ist aller Widerstand vergebens; kalte Nachtfröste, rauhe Lüfte mögen ihn aufhalten, doch die Macht der Frühlingssonne ist stärker und trägt endlich den Sieg davon. Auch in meinem Herzen begann es Frühling zu werden, das Eis der Vorurteile schmolz mehr und mehr, die Macht der göttlichen Gnade ließ sich trotz aller Einflüsterungen des Herzens nicht zurückhalten und die Sonne der Gerechtigkeit, unser Heiland Jesus Christus, ging immer heller in meinem Innern auf. Aber nur nach und nach sollte die bessere Überzeugung sich Bahn brechen, und ich bewundere jetzt die weise Vorsehung des gütigsten Vaters, welche absichtlich diesen Weg wählte, damit die Wahrheit um so festeren Grund und Halt in meinem Herzen fassen könne. Die kalten Nachtfröste der Zweifel, die rauhen Lüfte des Stolzes und Hochmutes hielten noch immer meinen Geist mit hartem

Eise umgeben, aber der Sonnenschein der Gnade strahlte
immer heftiger hinein in das verstockte Herz.

Noch war ich weit davon entfernt, der immer mehr
auf mich eindringenden Überzeugung von der Wahrheit der
evangelischen Lehre nachzugeben; vielmehr suchte ich auszu=
weichen und einen Mittelweg einzuschlagen. Mit großem
Eifer hatte ich die Bewegung, welche durch das am 18. Juli
in Rom proklamierte Dogma von der Unfehlbarkeit des Papstes
unter den Katholiken Deutschlands hervorgerufen war, ver=
folgt, vornehmlich an der Hand des in Köln erscheinenden,
von den Bischöfen so sehr verpönten „Rheinischen Merkur".
In meiner Ratlosigkeit schien es mir ein sehr bequemer Aus=
weg zu sein, wenn ich mich eng an diese Bewegung an=
schlösse, zumal sie damals noch bedeutende Erfolge in Aussicht
stellte. War ja ein Abfall von Rom und die Errichtung
einer deutschen Partikularkirche, welche, unabhängig von den
römischen Bestrebungen und gereinigt von schreienden Miß=
bräuchen, der erste Schritt zu einer durchgreifenden Refor=
mation in der Kirche sein sollte, fast als sicher zu erwarten.
Ich sehnte mich darnach, dem Schauplatze dieser Entwickelung
näher zu sein, und war nahe daran, nach Köln zu über=
siedeln, wo diese Entwickelung sich zu vollziehen schien. Doch
konnte ich nicht zum Entschlusse kommen, sondern ich fühlte
mich vielmehr heftiger angetrieben, weiter zu forschen. Zu
meinem Glücke; denn jetzt, wo jene Bewegung mehr und
mehr im Sande verläuft, kann ich Gott nicht genug dafür
danken, daß er mich von der Ausführung eines Vorhabens
zurückgehalten hat, welches nimmermehr mein Heil gefördert
hätte, wohl aber vermutlich von den unheilvollsten Folgen
für mich gewesen wäre.

Ich sollte nicht auf halbem Wege stehen bleiben, die Gnade Gottes hatte augenscheinlich größere Dinge mit mir vor. Meine Bestrebungen erhielten nun, nachdem auch jener Entschluß gescheitert war, eine entschiedenere Richtung zu der einen Wahrheit. Ich erinnere mich aus dieser Zeit, daß ein Zweifel, der von einem benachbarten Geistlichen meinem Hauswirte gegenüber ausgesprochen war, mich auf das Empfindlichste berührte. Es sei meine Prüfung, so meinte jener, nicht so sehr eine Sache des Herzens, als nur des Verstandes. Man zweifelte also gewissermaßen an der Ehrlichkeit meiner Absichten, mindestens an der Festigkeit meines Willens. Der Zweifel war nur zu gerecht, was ich jetzt recht gut einsehe. Ungerechtfertigt und hart war er aber auch, denn ich war ja eben in der Zeit des Überganges, wo von einer festen Willensrichtung noch nicht die Rede sein konnte. Wohl hatte ich das eine Ziel im Auge, nämlich zur Wahrheit zu gelangen; aber einesteils lag das Ziel noch unklar in weiter Ferne vor mir, anderteils machte sich der alte Starrsinn und Trotz zuweilen in der heftigsten Weise geltend. Wenn jener Zweifel, wie ich nicht anders annehmen darf, einem aufrichtigen Herzen und wahrer Teilnahme an meinem Geschicke entsprang, so habe ich alle Ursache, recht dankbar dafür zu sein, daß er so rückhaltslos ausgesprochen wurde, obgleich er auch leicht von gefährlichen Folgen für mich hätte sein können.

Die Empfindlichkeit meines Herzens war zu groß, und selten wich mich eine gewisse krankhafte Erregtheit von mir, ein Zustand, welcher sich kaum beschreiben läßt. Ein getreues Bild davon zu geben, wird mir sehr schwer, es ist, als ob der liebe Gott mir absichtlich die Vorstellung trübe, um mich die jetzige süße Ruhe ungehindert genießen zu lassen. Ueber=

dem sind die Wirkungen der Gnade so unmerklich), daß der menschliche Scharfsinn trotz aller Anstrengungen wohl niemals imstande sein wird, dieselben im einzelnen zu erkennen. Wer möchte sich auch erkühnen, die Pläne der göttlichen Vorsehung erforschen und durchschauen zu wollen? Die armselige Kreatur muß sich mit der Kenntnis der Erfolge begnügen und demütig die geheimen Ratschlüsse des ewigen Gottes anstaunen; weiter reicht der Verstand nicht, und es ist ein vermessenes und thörichtes Beginnen, in diese Ratschlüsse eingreifen oder dieselben bestimmen zu wollen.

Als eine besondere Hilfe des Herrn sehe ich es an, daß in mir der Plan aufstieg, die Ergebnisse meiner Prüfung dem Papiere anzuvertrauen. Dieselben sind in der bereits erwähnten Schrift niedergelegt. Es war die beste Art und Weise, meine Gedanken zu fixieren und ihnen Festigkeit zu geben, und trieb mich auch zu immer eifrigerem Studium und Nachdenken an. Daß ich dabei mehr als früher das inbrünstige Gebet nicht vernachlässigte und das Herz oft zu Gott erhob, er möge mich erleuchten und mir die wahre Erkenntnis verleihen, das habe ich ganz besonders, offen will ich es gestehen, jenem ausgesprochenen Zweifel zu verdanken, der mich allerdings empfindlich berührte, aber auch auf den einzig richtigen Weg aufmerksam machte und in diese Bahn mich einlenken ließ. Ich schulde dem verehrten Pastor Gr. in M. diese Anerkennung und spreche sie gern und mit dankbarem Herzen aus.

So, mächtig unterstützt von der göttlichen Gnade, kam ich meinem Ziele von Tag zu Tag näher. Um so größer waren die Anstrengungen des bösen Feindes, diese Erfolge der Gnade mir streitig zu machen. Wenngleich es mir, wie

bereits erwähnt, sehr schwer und fast unmöglich ist, diese
Erfolge der Reihenfolge nach aufzuzeichnen, so weiß ich doch
jene unablässigen Anfechtungen genauer anzugeben. Es war
ein überaus heftiges Andrängen aller schönen Erinnerungen
aus der vergangenen Zeit, welches mich zu beirren suchte.
Und wie die Vergangenheit im hellsten und vorteilhaftesten
Lichte sich mir darstellte, so dunkel und ungewiß erschien mir
die Zukunft. Die verschiedenartigsten Bilder erfüllten meine
Phantasie bei Tage und bei Nacht. Oft habe ich meiner
Umgebung diese Hallucinationen (anders kann ich sie nicht
bezeichnen) mitgeteilt und Staunen war auf den Gesichtern
zu lesen. Liebe Freunde und Verhältnisse traten mir oft
am hellen Tage so lebendig vor die Seele, daß ich mitten
unter ihnen zu wandeln vermeinte. Häufig schreckte ich im
Schlafe auf, gestört von den eigentümlichsten Traumbildern,
welche besonders gern meine priesterliche Wirksamkeit zum
Gegenstande hatten. Ich fand mich am Altare, im Beicht=
stuhle, auf der Kanzel, hörte das Hohnlachen der Menge
über den verirrten Priester u. s. w. Ach, es waren harte
Kämpfe, welche der gnadenreiche Gott zuließ, aber sie waren
nötig, um mein hartes Herz zu erweichen. Denn noch immer
fehlte mir das eine Notwendige, nämlich die vollständige
Hingabe an Gott, die Anerkennung meiner eignen Schwäche
und das kindliche Vertrauen auf seinen gnädigen Beistand.
Diese Erkenntnis, daß ich nichts sei in den Augen Gottes,
daß ich dem höchsten Herrn alles Gute schulde und nichts
aus mir selbst habe, diese Erkenntnis war gleichsam der
Zankapfel, um welchen Gott und der Widersacher kämpften.
Das Höchste, das Herrlichste, was ich mir in einem bewegten
Leben erstritten, ja mein eignes Ich sollte ich ganz bedingungs=

los hingeben, der ich bisher gewohnt war, ein so großes
Vertrauen auf mich selbst zu setzen; der ich geglaubt hatte,
das eigne Verdienst mache erst den Wert des Menschen vor
Gott aus; der ich, zwar im Glauben an den Beistand der
Gnade Gottes, doch mehr auf die eignen Kräfte mich gestützt
hatte, um mein Heil zu wirken. Ja, hier liegt der Schwer=
punkt der Unterscheidungslehren beider Konfessionen, der
katholischen und der evangelischen Kirche. Der katholische
Christ muß mitwirken zu seinem Heilswerke, der evangelische
Christ kann nicht mitwirken dazu; denn ich kann das
Unterlassen des Widerstandes gegen die göttliche Gnade,
welches allerdings auch von dem evangelischen Christen er=
wartet wird, nicht Mitwirkung im eigentlichen Sinne nennen.

Wie und an welchem Tage ich zu dieser entscheidenden
Erkenntnis gekommen bin, das weiß ich nicht, das weiß nur
Gott allein. Wohl weiß ich, daß die Lehre von der allge=
meinen Sündhaftigkeit des Menschen mir bei der Abfassung
meiner Schrift sehr viel zu schaffen machte, so daß ich häufig
verwirrt von allem Grübeln meiner Umgebung entgegentrat.
So fest ich aber jetzt von dieser allgemeinen Sündhaftigkeit
überzeugt bin, so wenig weiß ich mir Rechenschaft darüber
zu geben, wie dieser Glaube in mir gefestigt ist. Und wenn
auch eins zum andern kommt, Studium und Gebet, so macht
doch das Grübeln des Verstandes nur einen ganz kleinen
Teil des gewonnenen Resultates aus; nein, es ist das Walten
des heiligen Geistes, welches sich hier deutlich kundgibt.
Nur das weiß ich, daß mein ganzes Wesen nach dieser Er=
kenntnis eine totale Umänderung erlitt. War ich früher
starrsinnig, hart und rauh in meinem Auftreten und Be=
nehmen, so ward ich jetzt mehr und mehr unsicher, mein

Gefühl ward häufig weich gestimmt, ich empfand das Bedürfnis, mich so recht ausweinen zu können, — Erscheinungen ungewöhnlicher Art, welche ich anfangs auch nicht sogleich richtig verstand und auffaßte und meinem körperlichen Befinden zuzuschreiben geneigt war. Einen mächtigen Eindruck machte u. A. die Predigt am Reformationsfeste, kurz vor meinem Übertritte, auf mich. Ich glaube noch heute, daß mein Hauswirt mehr als je bei dieser Predigt sich des Beistandes des heiligen Geistes zu erfreuen hatte. Sie gab an dem Beispiele der Martha und Maria ein treffendes Bild der beiden Kirchen, ohne gerade polemisch zu sein. Der innige Dank gegen Gott, in der Wahrheit zu stehen, trat so sehr in den Vordergrund, daß die Schilderung der anderseitigen Lehre mehr ein Bedauern als eine Anklage war. Die Predigt wirkte so mächtig auf mich ein, daß ich fortwährend der Thränen mich nicht erwehren konnte, und noch heute, wenn ich lebhaft derselben gedenke, bemeistert sich fromme Rührung meines Herzens.

Ach, es war auch hohe Zeit, daß das mein verstocktes Herz umlagernde Eis der Selbstgerechtigkeit und des Hochmutes gebrochen und beseitigt wurde. Die Gnade hatte ihre Schätze wahrhaft an mir verschwenden müssen, so großen Widerstand hatte ich ihr geleistet. Vielleicht war jene Predigt die letzte Mahnung für mich, den Anregungen der Gnade Folge zu leisten. Dem Herrn sei Dank, daß er in seiner väterlichen Güte mein Unvermögen angesehen und sich gewürdigt hat, mir als ein guter Hirt nachzugehen und nicht nachzulassen, bis ich endlich seine von mir verlassene Kirche wieder aufgesucht und bekannt habe. Dieses Wunder seiner

Güte, o ich kann es keinen Augenblick vergessen. Gib mir, wunderbarer Gott, daß ich es stets mir vor Augen halte!

Ich habe wenig mehr hinzuzusetzen. Wenngleich die Anfechtungen des bösen Feindes in den letzten Wochen sich vervielfältigten, so waren es doch nur noch matte Angriffe, die ich unter dem Beistande des heiligen Geistes leichter als früher abwehren konnte. Bis zum letzten Tage drängten sich mir unablässig jene Erinnerungen aus der Vergangenheit auf, und noch mehr suchte der Gedanke an die Zukunft mich zu verwirren, welche allerdings noch heute sich nicht von der heitersten Seite darstellt, vielmehr so unbestimmt ist, daß wohl einem Stärkeren als mir bange werden würde. Indessen weiß ich nichts von Furcht, da die Gnade mein Herz mit unermeßlichem Vertrauen auf den Beistand des himmlischen Vaters erfüllt hat. Ihm habe ich alles anheimgestellt, er wird auch alles zum besten lenken. „Jesus allein, kein andrer Meister mehr, soll meine Losung sein." Ihm allein sei Lob, Ehre und Preis!

G., den 25. November 1870.

Heute haben wir einen frohen Tag gefeiert. Es war der Geburtstag des Hausherrn. Er erfreut sich der allgemeinen Achtung und Liebe in seiner Gemeinde, und mit vollstem Rechte, da er mit der größten Ausdauer unablässig bemüht ist, dieselbe zu leiten und zum Heile zu führen. Ich habe oft im Stillen diese rastlose Thätigkeit bewundert, um so mehr, als ich früher ganz andre Begriffe von der Wirksamkeit und von der Stellung des evangelischen Geistlichen gehabt habe. Mir, und gewiß denken die meisten meiner

früheren Amtsbrüder nicht anders, erschien jede evangelische
Pfarrstelle als eine Sinekure, der Geistliche aber lediglich als
ein Beamter, der der Gemeinde gegenüber die äußeren Funk=
tionen seines Amtes, als Taufen, Beerdigungen u. s. w.
wahrzunehmen und an Sonn= und Festtagen eine Predigt
zu halten verpflichtet ist. Im Übrigen kümmere er sich nicht
um die Gemeinde, so wie auch diese nicht weiter Notiz von
ihm nehme. Eine nähere Verbindung zwischen Beiden finde
nur in seltenen Fällen statt und habe dann ihren Grund
allein in der Persönlichkeit des Geistlichen, der, um etwa
das Bedürfnis nach Umgang und Verkehr mit den Menschen
befriedigen zu können, den Einzelnen in der Gemeinde näher
trete. — Ich habe hier die beste Gelegenheit gehabt, mich
von der Unrichtigkeit meiner Ansicht zu überzeugen, nicht allein
in der hiesigen, sondern auch in den benachbarten Gemeinden,
mit deren Geistlichen ich einen regen Verkehr unterhielt. Je=
doch will ich die Bemerkung nicht unterlassen, daß meine
Beobachtungen auf Gründlichkeit weder Anspruch machen
können noch wollen, da ich zu viel mit mir selbst zu thun
hatte und dem außer mir Liegenden weniger meine Aufmerk=
samkeit schenkte.

Allerdings hängt von der Persönlichkeit des evangelischen
Geistlichen und besonders vom guten Willen desselben sehr
viel ab. Das Amt selbst gibt ihm keine hervorragende Stellung
in der Gemeinde, wenigstens gibt es ihm keinen sonderlichen
Einfluß auf dieselbe, sondern das hängt nur allein von dem
Eifer ab, den er in der Verwaltung seines Amtes zeigt.
Der katholische Geistliche steht in dieser Hinsicht ganz anders
der Gemeinde gegenüber. Er hat seine bestimmten Funktionen,
welche er unabhängig von der Gemeinde vollzieht, im Übrigen

geht er seinen eignen Weg. Durch den Beichtstuhl steht er
allerdings in engster Beziehung zur Gemeinde, in demselben
erfährt er vielleicht die intimsten Familien-Geheimnisse, ohne
aber davon im Verkehr Gebrauch machen zu dürfen; denn
Alles fällt unter das Siegel der Beichte, was in ihr offen=
bart wird. Dem engeren Verkehr mit der Gemeinde aber
kann er sich nie ganz entziehen, da er mehr als der evange=
lische Geistliche von den Gläubigen in Anspruch genommen
wird, teils im Beichtstuhle, teils in der Verwaltung der
übrigen Sakramente. Es wäre z. B. etwas unerhörtes,
wenn ein Kranker nicht alle drei Sakramente, letzte Ölung,
Beichte und Kommunion, auf dem Todesbette empfinge, sollte
es irgend noch geschehen können; darin sind selbst die Auf=
geklärten und Lauen sehr heikel. Der katholische Geistliche
kann ziemlich frei leben, ist er sonst beliebt, so wird man
gern Nachsicht mit ihm haben; aber die Gemeinde würde
empört werden, wenn er gegen die Kranken und Sterbenden
sich nachlässig erwiese.

Wenn der katholische Geistliche diese Funktion, die
Kranken-Provision, erfüllt, so ertönt jedes mal die Kirchen=
glocke, wenigstens auf dem Lande. Die Gläubigen werden
dadurch auf das priesterliche Werk hingewiesen, sie sollen des
Kranken oder Sterbenden eingedenk sein; der Priester selbst
aber wird mit jeder neuen Funktion ihnen nahe gebracht,
eben durch sein Amt, aber auch nur durch dieses. Seine
Persönlichkeit tritt völlig in den Hintergrund, erst nach
Jahren vielleicht kann er auch diese einigermaßen geltend
machen. Man kümmert sich sehr wenig um die Person des
Geistlichen, und es ist gar nicht selten, daß ein Pfarrkind,

welches mit seinem Pfarrer etwa im Prozesse ist, getrost ihm seine Sünden beichtet. Der evangelische Geistliche dagegen wird wenig oder gar nicht durch sein Amt gestützt; dasselbe bietet allerdings die Gelegenheit zur Wirksamkeit und gibt ihm das Recht, thätig zu sein. Es ist das ganz im Wesen der evangelischen Kirche begründet. Diese hat kein Meßopfer, also auch keine Priester; keine Ohrenbeichte, also auch keine Beichtväter. Durch das Amt kommt der Geistliche deshalb nicht so nahe mit den Gläubigen in Berührung, wie es bei den Katholiken der Fall ist. Nach der evangelischen Lehre ist jeder Einzelne Priester, insofern als das Versöhnungsopfer Christi einem jeden gleichmäßig zu Teil und gewissermaßen von ihm verwaltet wird. In dieser Beziehung kennt die evangelische Kirche keinen spezifischen Unterschied zwischen Geistlichen und Laien. Indessen ist sie keineswegs ohne Lehramt, denn das hat Gott zur besseren Erbauung der Gemeinde, aber auch nur deshalb, eingesetzt. Somit haben zwar Alle gleiche Rechte, aber nicht Alle gleiches Amt und Beruf, und das ist der einzige Unterschied.

Nach allem diesem ist die Wirksamkeit des evangelischen Geistlichen leicht zu ermessen. Mit der des katholischen Priesters kann sie kaum verglichen werden. Sie ist von ganz andrer Art, ich möchte sie eine innigere, eine hochherzigere Wirksamkeit nennen, schon weil sie ganz freiwillig geübt, und, wenn geübt, nicht mechanisch, sondern mit besonderer Herzensfreudigkeit verrichtet wird. — Der starre Mechanismus tritt in der katholischen Kirche bei den Laien besonders im Empfange der Sakramente hervor, bei den Priestern dagegen sehr häufig in der Spendung derselben. Äußerlich genommen ist der Priester, wie man zu sagen pflegt, mit der Welt fertig, er hat mit ihr in jeder Beziehung abgeschlossen und ist auf ein isolirtes Dasein angewiesen. Er soll nun allerdings, so will es seine Kirche, um so mehr sich der Gemeinde widmen, mit der er gleichsam vermählt ist; sie soll seine Familie bilden. Ich wenigstens habe immer meine Stellung als Seelsorge-Priester so aufgefaßt und auch hauptsächlich aus dieser Rücksicht den Zölibat eifrigst in Schutz genommen. Aber es ist nur zu wahr, was einmal mein verstorbener Vater mir gegenüber äußerte: „Du willst in den Priesterstand eintreten? das priesterliche Amt in der katholischen Kirche kann kaum von Engeln würdig verwaltet werden, geschweige denn von schwachen Menschen."

Der Priester ist und bleibt stets Mensch, und wird keineswegs durch das Sakrament der Priesterweihe ein andrer Mensch; er trägt sich mit allen seinen Schwächen in das Amt hinein, mag auch die Vorbereitung dazu eine noch so gründliche und sorgfältige sein. Je mehr Schwächen ihm nun ankleben, desto schwieriger wird es für ihn sein, in der ihm durch das Amt angewiesenen erhabenen Sphäre sich zu erhalten. Kann er das nicht, so sinkt er zum gewöhnlichen Handlanger im Dienste der Kirche herab. Ausgezeichnete Frömmigkeit, wissenschaftliches Streben, wahre Hochherzigkeit, gänzliche Verachtung des weltlichen Treibens u. s. w. müssen dem Priester notwendig zur Seite stehen, wenn das nicht geschehen soll; aber sind diese Erfordernisse wohl bei Allen anzutreffen? Darauf näher einzugehen, verbietet mir die Liebe. Aber wenn Zahlen beweisen, so zeigt das Benehmen der ungeheuren Mehrzahl der katholischen Priester in der jetzigen Zeit, auf welchem Standpunkte sie im Allgemeinen stehen; das kann hier nicht unerwähnt bleiben. Es ist die fast allgemeine Gleichgültigkeit und kaum glaubliche Ignoranz, mit welcher der Klerus das, wie nicht zu verkennen, so überaus wichtige und durchgreifende Dogma von der Unfehlbarkeit des Papstes aufnimmt. Diese Gleichgültigkeit ist ein erschreckliches Zeichen der Zeit. Sie kennzeichnet nicht allein den Standpunkt des Klerus, sondern noch mehr die Zustände in der katholischen Kirche. Wenn die so häufig gepriesene Einigkeit durch Zwangsmaßregeln, wie sie die Bischöfe anwenden, einerseits, und durch jene allgemeine Gleichgültigkeit des Klerus und der Laien andrerseits nur zu Stande kommt, so wird diese Einigkeit nahezu lächerlich.

Ich erinnere mich, irgendwo ein treffendes Bild gelesen zu haben, welches hier ganz besonders paßt. Nie, hieß es dort, ist es ruhiger in einem Orte, als zur Mitternachtsstunde, wo Alles in tiefem Schlafe liegt, oder wenn gar Alles erstorben ist; Schlafende und Tote streiten sich nicht. Geht es aber einmal dem Tage zu, so gibt es schon Lärmen und Geschrei. Darum suchen aber auch die Beherrscher der Finsternis alles Licht zu unterdrücken, damit das Volk nicht aufwache, und sie ihr Unwesen im Stillen forttreiben können.

Die Stellung des katholischen Geistlichen an sich, wie auch zur Gemeinde ist keine natürliche, sie ist so zu sagen eine übernatürliche, welche zu den gegebenen Verhältnissen nicht mehr paßt. Die Stellung des evangelischen Geistlichen dagegen paßt zu allen Verhältnissen. In den meisten Fällen beruft die Gemeinde durch freie Wahl den Geistlichen in sein Amt. Kein Bischof drängt ihr denselben auf, wie es fast durchweg in der katholischen Kirche geschieht. Jene freie Wahl ist ein Band des Vertrauens, welches Beide, Geistlichen und Gemeinde, fest an einander kettet. Der Geistliche ist gleichsam aus der Mitte der Gemeinde hervorgegangen, und selbst wenn jenes Vertrauen irgendwie getäuscht würde, es hat doch den Grund zur Verbindung Beider gelegt. Auf diesem Grunde weiter zu bauen, liegt in der Hand des Geistlichen.

Ein andres Band, welches dem evangelischen Geistlichen in seiner Wirksamkeit zu Hülfe kommt, ist seine Familie. Man mag katholischerseits noch so sehr über die verheirateten Geistlichen lächeln und höhnen, wie ich es selbst nur zu oft gethan habe, es läßt sich einmal vernünftiger Weise nicht verkennen, daß ein solcher der Gemeinde näher steht, als der Zölibatär. Denn es ist ein anerkannter Erfahrungssatz, daß gleiche Bedürfnisse, gleiche Freuden und Leiden die Menschen einander näher bringen.

Der katholische Geistliche kann sich, und habe er noch so viele Erfahrung, in das innerste Leben einer Familie nicht so lebhaft hinein denken, er kann die Leiden und Freuden derselben nicht so mitfühlen und mittragen, wie der evangelische, verheiratete Geistliche. Ich habe das wohl häufig gefühlt, wenn es z. B. meine Pflicht erheischte, Eltern über den Verlust eines geliebten Kindes zu trösten. Es war mir immer, als wenn die trostlose Mutter, der betrübte Vater hätten antworten wollen: Du sprichst gewiß schön und fromm, wir sind dir auch recht dankbar für die tröstenden Worte, aber du verstehst unsern Schmerz nicht, du vermagst unser ungeheures Wehe nicht zu ermessen, denn du hast es nicht selbst erfahren; all' dein Wissen aber vermag diese Erfahrung nicht zu ersetzen.

Es ist nicht meine Absicht, mich hier über den Zölibat

und dessen Verwerflichkeit weiter zu verbreiten; aber das Eine liegt zu nahe, als daß ich es verschweigen dürfte. Wenn die Ehe, was doch Niemand bestreiten wird, die Grundlage des Bestandes der menschlichen Gesellschaft bildet und deshalb hoch und heilig zu achten ist, so tritt der Zölibat dieser wichtigsten Einrichtung schroff entgegen. Die katholische Kirche erhebt die Ehe sogar zu einem Sakramente, preist aber eben so sehr die Ehelosigkeit eines einzelnen Standes an, wie soll sich das zusammen reimen lassen? Ein Widerspruch sonder gleichen, der in keiner Weise gelöst werden kann.

Doch wir haben es hier nur mit der Wirksamkeit des Geistlichen zu thun. Daß der Zölibat derselben hemmend in den Weg trete, ist nur zu wahr, und es hat der evangelische Geistliche offenbar in dieser Beziehung vor dem katholischen viel voraus. Ist des ersteren Ehe eine musterhafte, seine Kinder-Erziehung den christlichen Grundsätzen gemäß, herrscht Eintracht und Friede im Pfarrhause und sieht ein gottseliges, christliches Leben gleichsam aus jedem Winkel hervor, o so strömt Segen über Segen aus demselben über die Gemeinde. Das kann das katholische Pfarrhaus niemals erreichen. Anstatt gern in demselben zu verweilen, begiebt man sich scheu und verstohlen dahin, um rasch das abzumachen, was nicht zu vermeiden ist. Ernst und gemessen tritt der gestrenge Herr Pfarrer dem Eintretenden entgegen, vielleicht stört ihn dieser im vorgeschriebenen Gebete oder in sonstigen Amtsverrichtungen, frostig hört er ihn an, bescheidet ihn kurz und ist froh, ihn abgefertigt zu haben, wogegen der Besucher es nicht weniger eilig hat, der kalten Luft zu entrinnen.

Wie ganz anders im evangelischen Pfarrhause, ich habe

es hier so recht empfunden. Der Besucher findet sich gleich zurecht, denn er findet es ja in mancher Beziehung gerade so wie im eignen Hause. Heiter und fröhlich wird er empfangen, denn die Dienstboten, gewöhnlich aus der eignen Gemeinde, sind ihm vielleicht bekannt, oder doch sonst angewiesen, einem Jeden zuvorkommend entgegen zu treten und ihn zurechtzuweisen. Oder es begegnet ihm die freundliche Hausfrau, welche ihn mit herzlichem Händedruck empfängt, sich theilnehmend nach seiner Familie, nach seinen häuslichen Verhältnissen erkundigt, ihn mit der eignen Häuslichkeit, mit ihren Kindern u. s. w. bekannt macht und darauf zum Pfarrer führt. Da ist von Scheu und Beklommenheit des Herzens keine Rede mehr, offen trägt der Besucher sein Anliegen vor und in aller Herzlichkeit und Teilnahme wird dasselbe erledigt. So habe ich es wenigstens im hiesigen Pfarrhause stets gefunden; ob in allen übrigen das Gleiche der Fall, kann ich nicht entscheiden. Aber es ist wohl keineswegs eine zu kühne Behauptung, wenn man annimmt, daß schon die erwähnte Vertrauens-Stellung des Geistlichen zur Gemeinde kaum ein andres Zusammenleben denken läßt.

Offen gestehe ich es, anfangs gefiel mir dieses Benehmen den einfachen Leuten gegenüber ganz und gar nicht. Ich fand eine zu große Herablassung darin, welche ich mit der Stellung des Geistlichen nicht zu vereinigen wußte. Zwar habe ich mich gerade nicht aus meiner früheren Wirksamkeit darüber anzuklagen, daß ich durch ein schroffes und hartes Benehmen die Pfarrkinder abgeschreckt habe, da dieses meiner Gemütsart zu fern liegt; aber ich kann nicht leugnen, daß ich im Bewußtsein meiner priesterlichen Würde sowohl, als meiner amtlichen Stellung ein abgemessenes Benehmen für notwendig hielt, welches ohne Zweifel zuweilen verkehrt aufgefaßt worden ist. Meine Ansicht von der Stellung des Geistlichen zur Gemeinde hat sich jetzt, wie nicht anders möglich, in jeder Beziehung geändert. Ich erblicke in demselben nicht mehr wie früher den despotischen Beherrscher der Gemeinde, der jeden Widerspruch mit tyrannischer Härte niederschlägt, sondern ich erkenne in ihm lediglich den Berater, der sich selbst raten läßt, den Leiter, der sich selbst leiten läßt, den teilnehmenden Freund Aller, der selbst Teilnahme für sich in Anspruch nimmt. Aber auch nur so scheint mir die Wirksamkeit des evangelischen Geistlichen eine wahrhaft gesegnete sein zu können. Wollte er jene Zwangsherrschaft des katholischen Priesters irgendwie nachahmen, so würde er ohne Zweifel eine Karikatur des geistlichen Lebens bilden und von einer Wirksamkeit überhaupt dürfte nicht die Rede sein können.

Möge der liebe Gott in seiner überschwenglichen Gnade zulassen, daß mir der Eintritt in's geistliche Amt, worauf ich mich jetzt vorbereite, ermöglicht wird, damit ich nun in Wahrheit ihm diene und Allen Alles werde. Herr, erleuchte mich und verleihe mir die nötige Kraft, dieses Vorhaben auszuführen, wenn es zu deiner Ehre und mir zum Besten gereicht!

G., den 27. November 1870.

Das neue Kirchenjahr, ein wichtiger Abschnitt im Leben des Christen, wichtiger noch als der Beginn des neuen bürgerlichen Jahres, hat heute begonnen. Der neugeborne Heiland will einziehen in unsre Herzen und Wohnung in uns nehmen.

darauf soll die Adventszeit uns vorbereiten. Ob es mir nur
so vorkommt? ich glaubte hier eine lebhaftere Teilnahme als
anderswo für diese Gnadenzeit zu finden. Die Beteiligung
am Gottesdienste war eine außergewöhnlich große, die fröh=
lichen Adventslieder klangen so recht aus voller Brust und
machten die Sehnsucht nach dem göttlichen Kinde rege. Und
doch wieder wie immer der einfache Gottesdienst, der mir so
wohl gefällt, ohne alles menschliche Beiwerk, ohne allen
Pomp, ohne alle Zeremonien. Das heißt wahrlich Gott im
Geiste und in der Wahrheit anbeten.

Gott erhalte mir die innere Fröhlichkeit, welche mich
fortwährend beseelt. Es kommt mir zuweilen Alles wie ein
Traum vor, so groß ist der Umschwung, welchen die Gnade
in meinem Innern bewirkt hat. Vorüber ist jene Zaghaf=
tigkeit, jene Unstetigkeit, jene Verwirrung meines Herzens
und meiner Gedanken, es ist eine totale Umänderung in mir
vorgegangen. Ob Alles so bleiben wird? ich weiß es nicht.
Aber ich weiß gewiß, und habe es an mir zur Genüge er=
fahren, daß keine der Freuden, welche der Herr mir jemals
beschieden hat, sich mit jener Freudigkeit nur im Entferntesten
messen kann, welche jetzt mein Herz erfüllt. Sie näher zu
beschreiben, sind meine Worte zu schwach, obgleich ich Allen
so gern mein Glück auseinander setzen möchte. Aber jene,
welche den Herrn Jesum Christum wahrhaft angezogen und
sich ganz und gar mit ihm vereinigt haben, sie werden mich
verstehen, auch ohne viele Worte. Dieses süße Gefühl, diese
fröhliche Zuversicht in Christo Jesu läßt sich nur empfinden,
nicht beschreiben. Es ist die Freudigkeit im heiligen Geiste,
die mit der Welt nichts gemein hat, da der Geist der Welt
ein ganz andrer, ein unsauberer Geist ist. Jetzt erst vermag

ich das schöne Wort des Augustinus in seiner vollen Bedeutung zu erfassen: „Mein Herz ruhet nicht eher, als bis es ruhet in dir, o Gott!" Ja, jetzt erst ruhet es wirklich in Gott, das arme, zerrissene Herz; jetzt erst sind die vielen Wunden geheilt, welche die Sünde ihm geschlagen hatte; jetzt erst ist es ledig aller Banden, welche es früher an die schnöde Welt fesselten: und jetzt erst, nachdem der Herr alle Kümmernisse von meinem Herzen genommen, jetzt erst erkenne ich, wie wunderbar der Herr mich geführt hat. O wie wohl ist mir, da ich nun innerlich voll Frieden bin, da ich mit rechtem Glauben und mit freudiger Zuversicht zu Jesu beten und mich seinem Willen ganz überlassen darf, ihm, der uns beisteht in jeder Not und uns so gern hilft und wieder froh macht, so daß wir aus seiner Fülle immer nehmen können Gnade um Gnade. Ja, in dieser schönen Festzeit haben wir doppelten Grund zur Freude, denn das liebe Jesuskindchen kommt ja bald, und möchte sich vorher so gern in unser aller Herzen eine Wohnstätte bereiten lassen.

Wie eigentümlich die Erweisungen der Gnade sich doch zuweilen geltend machen! Nie werde ich vergessen, wie eine gläubige Person, welche näher zu bezeichnen ihre Bescheidenheit mir verbietet, in jener Zeit der Gährung mich einst einfach dadurch tröstete, daß sie mir riet, ein Kapitel aus der hl. Schrift zu lesen, mir, dem Theologen, der dieselbe stets zur Hand und zu den Studien und Arbeiten stets im Gebrauche hatte. Ich beachtete den wohlmeinenden Rat und fühlte mich wunderbar getröstet; wenn ich nicht irre, so war es ein Lobpsalm, welchen ich aufschlug. Als ich später der Trösterin meinen innigsten Dank für die mir erwiesene geistige Wohlthat aussprach, antwortete sie mir demütig: „Sie schlagen das viel zu hoch an, und ich verdiene keinen Dank dafür. Ich konnte ja weiter Nichts thun, als Sie auf Gottes Wort hinweisen, was freilich wohl immer das Beste, aber auch das Einfachste ist, Gottes Wort versteht uns immer und antwortet uns auf alle unsre Fragen; und", setzte sie hinzu, „konnte Sie in mein schwaches Gebet einschließen". Als ich meine Verwunderung über diese ihre Erkenntnis aussprach und offen eingestand, daß sie mir, dem Forscher, noch leider abgehe, legte sie mir folgendes eben so liebenswürdige als demütige Bekenntnis ab: „Wenn ich auch den Weg zur Seligkeit erkannt habe, so fehle ich doch sehr leicht, und ich bin froh, daß mir Jesus jeden Tag meine Sünden vergibt, und ich wieder zu ihm kommen darf. Sehr tröstlich ist es auch, daß wir durch unsers Heilandes Gnade und Kraft stärker und fester werden sollen, und zunehmen sollen am innern Menschen; ich freue mich immer sehr, wenn ich von solcher Gnadenwirkung etwas in mir merke".

Die kindliche Einfalt, welche aus jedem dieser Worte spricht, war es, welche mir hochmütigem Verstandesmenschen damals noch abging, und welche ich jetzt täglich mehr und mehr zu erringen trachte. Die Gnade Gottes bediente sich dieser Freundin, um mir so recht verständlich zu machen, daß nicht die Weisheit und Klugheit des Verstandes, sondern die Überzeugung des Herzens von der eignen Nichtigkeit allein zu Gott führt. Deshalb beschämte mich auch jenes Geständnis sehr tief, und ich wünsche sehnlichst, daß diese Blätter der wohlmeinenden Freundin zu Gesicht kommen mögen, damit sie sehe, wie der liebe Gott ihre Einfalt und Demut an mir belohnt hat, indem die Gnade mich dadurch antrieb, den

Hochmut fahren zu lassen und mein starres Herz der Süßigkeit der Gnade zu öffnen und es ihr hinzugeben.

Diese vollständige, einfältige Hingabe an Gott hat mein Herz früher niemals gekannt, wenigstens nicht in dem Maße, wie es jetzt geschieht. Gewiß suchte ich damals, als ich zur katholischen Lehre mich bekannte, Gott auf das Inbrünstigste zu erkennen und zu lieben. Ich war ja vorher so weit von Gott abgewendet gewesen, daß jede Erkenntnis, wenn auch noch so schwach und dürftig, mein armes Herz erquickte. Aber es konnte von jener Lehre nicht ausgefüllt werden. Es war ja nicht mein eigner, mein innerster Glaube, es war vielmehr der Glaube der Kirche, welcher ich angehörte; also nicht ein subjektiver, sondern ein objektiver Glaube. Demgemäß konnte ich mich Gott auch nur mittelbar nähern, das eigne Herz ging leer aus, es ruhte nicht in Gott, sondern in der Kirche. Erst durch die Vermittelung der letzteren gab ich mich Gott hin, an eine unmittelbare, innige Hingabe war nicht zu denken. Jetzt erst bin ich mir so recht klar über jene unglückliche Stellung meines Innern zu Gott geworden. Jetzt erst sehe ich ein, wie alle meine Anstrengungen, mich Gott zu nähern und mich eng an ihn anzuschließen, vergeblich sein mußten. Wie oft hatte ich nicht im guten Glauben die herrlichen Worte gelesen und beherzigt: „Also hat Gott die Welt geliebt, daß er seinen eingebornen Sohn gab, auf daß Alle, die an ihn glauben, nicht verloren werden, sondern das ewige Leben haben". Aber das Licht jenes mittelbaren Glaubens zündete keineswegs in meinem Herzen und vermochte dasselbe nicht zu erwärmen. Ich pries die Welt, der solches Heil widerfahren, aber mich selbst übersah ich, mir selbst eignete ich jenen Trost nicht zu, da ich mich in der Gesamtheit der Kirche verschwinden fühlte. Jetzt bin ich ganz anders darüber belehrt. Jetzt weiß ich, daß diese Worte jedem Einzelnen, also auch mir, als Trost zugerufen werden, und also auch mir besonders gelten. Und das eben ruft jene fröhliche Zuversicht, jene Freudigkeit des Herzens in mir hervor, daß ich weiß, das göttliche Wort gilt mir, dem Einzelnen, wird mir persönlich zugerufen, ohne daß es einer sichtbaren Kirche und noch weniger eines unfehlbaren Lehramtes bedarf.

Gott spricht also direkt zu mir in seinem Worte, Nichts stellt sich zwischen uns Beide, er erweiset mir die größte Liebe, und ich, dadurch gerührt, verspreche ihm hoch und teuer, diese Liebe nach Kräften zu erwiedern; indem ich seinem Worte glaube, lehne ich mich an ihn an, ja die Kraft dieser Worte zieht mich so sehr, daß ich mich ganz und ohne allen Vorbehalt ihm hingebe. Das aber ist die wahre, innige Vereinigung mit Gott, welche nach der katholischen Lehre nun einmal kaum möglich ist. Dort tritt mir überall die vermittelnde Kirche mit ihren Heilsmitteln in den Weg, als: Die Heiligen mit der Mutter Gottes an der Spitze, die Verdienstlichkeit der guten Werke, die eigne Kraft zur Mitwirkung, die vielen Sakramente, Zeremonien, Messen, Ablässe, Bruderschaften, Gebetsvereine u. s. w. u. s. w. Gott steht allerdings im Hintergrunde, aber, wenn ich mich eines profanen Sprichwortes bedienen darf, man sieht den Wald vor Bäumen nicht. Beide Kirchen, die evangelische sowohl, wie auch die katholische, haben zwar dasselbe Ziel im Auge, aber sie gebrauchen nicht dieselben Mittel. Ach, in Wahrheit ist es eine Geistesnacht, in welcher der Katholik das Leben hindurch arbeitet, und wohl wird mancher am Tage der Ewigkeit ausrufen: Ich habe die ganze Nacht gearbeitet, aber nichts gefangen; denn ich habe allein den Menschen vertrauet, auf Menschenwort gebauet und nach Menschensatzungen gehandelt, deshalb bin ich trotz aller Mühen und Arbeiten meinem Gott fern geblieben, der mir doch so nahe war.

Hier nun kehren immer und immer jene Vorwürfe wieder, welche den Evangelischen so gern von den Andersgläubigen gemacht werden: Wie kann durch den Glauben allein das Heil gewirkt werden, wenn der Gläubige dabei die Hände in den Schooß legt? wenn er nichts dazu thut, nicht gute Werke verrichtet? ist dieser Glaube nicht ein sanftes Ruhekissen für alle Jene, welche die Arbeit scheuen? läßt sich wohl ein frommer Lebenswandel damit vereinigen? wird nicht alle Thatkraft gelähmt, da wir doch wirken sollen, so lange es Tag ist? Leider nur zu oft habe ich in diese Vorwürfe eingestimmt und bei jeder Gelegenheit die Verherrlichung der katholischen Lehre von der Verdienstlichkeit der guten Werke, wie der eignen Mitwirkung des Menschen zu erhöhen gesucht. Ich wußte es ja nicht besser und ging ohne Arg zu Werke. Wie oft habe ich von der Kanzel, im Unterrichte es betont, daß nach der evangelischen Lehre die guten Werke zur Seligkeit nichts nützen, also überflüssig seien? Daß dadurch Millionen von Christen gebrandmarkt würden, das bedachte ich nicht; jetzt sehe ich zu meiner Beschämung, wie verkehrt ich gehandelt und gelehrt habe.

Aber merkwürdig, jene Lehre bleibt dennoch bestehen, daß nämlich gute Werke zur Seligkeit nichts nützen, obgleich sie anders zu fassen ist, als wie nach katholischer Auslegung. Ja, der Glaube ohne gute Werke ist ein todter Glaube, ist nicht der rechte Glaube, denn er ist der Glaube des Verstandes, aber nicht der des Herzens. Dieser Herzensglaube jedoch ist ohne gute Werke gar nicht denkbar. Wenn das Herz von der Liebe Gottes entzündet ist und nur allein ihn sucht und ihm wohlzugefallen wünscht, wird da der Wille wohl kalt bleiben können? wird er nicht die Liebe, die ihm so überreichlich entgegen getragen wird, durch dankbare Gegenliebe zu vergelten und durch gute Werke, durch Werke der Liebe an den Tag zu legen suchen? Aber da die bewegende Ursache dazu nur allein die Liebe Gottes ist, und da der Mensch aus eignen Kräften nichts Gutes schaffen kann, so kann und darf ja von einer Verdienstlichkeit dieser guten Werke nicht die Rede sein; alles Verdienst gebührt Gott, dem Urheber derselben, der Mensch aber thut nichts dazu. Im Anerkenntnis dieses seines Unvermögens ehrt aber wiederum der Mensch Gott, und indem er Alles seiner Liebe und Güte zuschreibt, tritt er ihm wiederum näher, und so führt jedes in der Gnade Gottes gewirkte gute Werk den Menschen einen Schritt näher zu Gott und somit zu einer immer innigeren Vereinigung mit ihm. Nach der katholischen Lehre aber wendet sich der Mensch durch jedes gute Werk mehr von Gott ab, da er sich seines eignen Wertes immer mehr bewußt wird und Gott nicht die ihm gebührende Ehre gibt. Daher jener schon erwähnte und so überaus betrübende, geistliche Hochmut, diese schädliche Wucherpflanze, welche sich gleich einem Panzer um das Herz herum legt und die Liebe zu Gott in der Selbstliebe erstickt.

Indessen liegt die Gefahr auch für den evangelischen Christen nahe, einem gewissen geistlichen Hochmute zu verfallen, doch ist er andrer Art als jener, aber vielleicht noch gefährlicher. Warum das verhehlen? es hieße eine Thorheit begehen, wollte ich das leugnen. Zu wissen, daß man bei Gott in Gnaden stehe, verursacht ein Gefühl, welches die Demut auf eine sehr harte Probe stellt. Von jener fröhlichen Zuversicht, welche der Herzensglaube im Gefolge hat, bis zur Selbstüberhebung andern gegenüber ist nur ein kleiner Schritt, und gar viele kommen hier zum Falle. Nicht als ob sie etwa sich selbst das Verdienst beimessen wollten, welches Gott und seiner Gnade allein zukommt, das hieße die eigne Nichtigkeit ganz und gar verkennen; aber daß die Gnade Gottes gerade sie vor vielen auserkoren und sie so hoch erhoben hat, läßt sie ihre Stellung weniger Gott, als den Mitmenschen gegenüber vergessen. Es kann dabei immer noch ein Gott wohlgefälliges, frommes Leben bestehen bleiben. Aber diese Christen vergessen, daß wir trotz der fröhlichen Zuversicht auf das alleinige Verdienst Jesu Christi mit Furcht und Zittern unser Heil wirken sollen, womit die Selbstüberhebung sich gewiß nicht vereinigen läßt. Denn wenn wir auch den alten Menschen in uns getödet haben und durch den Glauben gerechtfertigt sind, so sind wir doch fortwährend zum Bösen geneigt und nur zu wahr ist des Apostels Wort: Wer da glaubt zu stehen, der sehe zu, daß er nicht falle! Dieses ernste Wort mahnt uns beständig an unsre Hinfälligkeit und bezeichnet auch am Besten, wie wir uns gegen den Nächsten verhalten sollen. Gott kann mir wegen der Selbstüberhebung jeden Augenblick seine Gnade entziehen und gerade jenen verleihen, welche ich jetzt bemitleide oder gar verachte. Und wenn sie auch allen äußeren Anzeichen nach nicht zu den wahren Kindern Gottes gehören, sondern sich dem Bösen ganz hingegeben haben und den Einflüsterungen der Gnade Gottes hartnäckig widerstreben, so zeigt uns u. a. das Beispiel des Apostels Paulus, wie bald der allmächtige Gott diesen Widerstand zu besiegen vermag.

Es ist gewiß recht schlimm, daß in der evangelischen Kirche solche Beispiele von geistlichem Hochmut nicht so gar selten sind; sie werfen schwarze Schatten auf die reine Lehre, indeß nur für diejenigen, welche die Person von der Sache nicht zu trennen verstehen und oberflächlich, ohne weitere Untersuchung, Schlüsse ziehen. Der ruhige Beobachter sieht bald ein, daß die Lehre selbst keineswegs für diesen Mißbrauch verantwortlich gemacht werden kann. Es fehlt jenen Hochmütigen lediglich am richtigen Verständnisse ihrer eignen und der allgemeinen Sündhaftigkeit; diese Grundlehre des evangelischen Glaubens und Bekenntnisses mißkennen sie ganz und gar, so daß man Anstand nehmen dürfte, sie überhaupt zu den wahren Bekennern des evangelischen Glaubens zu zählen. Diese Lehre ist es ja gerade, welche den Ausgangspunkt aller Unterscheidungslehren zwischen den beiden Bekenntnissen bildet. Um so mehr darf man nicht allein die genaue Kenntnis derselben bei jedem evangelischen Christen voraussetzen, sondern auch daß er darnach handle. Also die Lehre gibt keinen Anlaß zum Hochmut.

Ganz anders verhält es sich mit dem katholischen Christen. Die katholische Lehre von der Verdienstlichkeit der Werke birgt den Keim des Hochmutes in sich, und noch mehr die Lehre von der eignen Mitwirkung. Der evangelische Christ kann nicht mitwirken (denn daß er der Gnade keinen Widerstand entgegen setzen dürfe, ist doch nicht Mitwirkung im eigentlichen Sinne des Wortes zu nennen); der katholische Christ dagegen muß mitwirken, er muß seine Kräfte im Verein mit der göttlichen Gnade gebrauchen, um sein Heil sicher zu stellen.

Obgleich nun der Anfang des Heilswerkes von der zuvorkommenden Gnade abhängig gemacht wird, so liegt doch nahe, daß eine Selbstüberhebung, oder, wie man gewöhnlich sagt, die Selbstgerechtigkeit und Werkheiligkeit nur zu leicht herbeigeführt werden können. Man sollte indessen nicht sofort den Stab brechen über diejenigen, welche dieser Selbstgerechtigkeit fröhnen, als vielmehr über die Lehre, welche so leicht dahin führt. Als katholischer Christ demütig zu bleiben, ist nicht so ganz leicht, es gehört schon ein tiefschriftliches Bewußtsein dazu, sich der eignen Verdienste zu entäußern und Gott allein die Ehre zu geben, zumal die Lehre der katholischen Kirche ihren Bekennern so viel einräumt. Desto weniger aber ist auch der evangelische Christ zu entschuldigen, wenn er sich der Selbstüberhebung schuldig macht, da er der Lehre seiner Kirche schnurstracks entgegen handelt.

„Wenn ihr nicht werdet wie die Kindlein, so werdet ihr nicht in das Himmelreich eingehen". Diese lieblichen Worte des Heilandes haben mir stets sehr wohlgefallen; einfältig zu werden wie ein Kind erachte ich für die größte Gnade, möge der Allgütige sie mir Unwürdigen verleihen!

G., den 2. Dezember 1870.

Ein Freund, welcher vor Kurzem eine protestantische Unterweisung über die Unfehlbarkeit des Papstes veröffentlicht hat, schrieb mir in diesen Tagen über die Bewegung, welche sich in der katholischen Welt über dieses Dogma kundgibt, folgendes: „Die gegenwärtige Zeit ist den religiösen Dingen nicht günstig; das wissen die Bischöfe auch, welche sich darum jetzt sehr beeilen, ihre Infallibilität zur allgemeinen Anerkennung zu bringen. Sie wissen, daß sich jetzt kein Mensch um diese Angelegenheiten und ihre Übergriffe kümmert! Aber nicht wahr? wie reißen die Opponenten aus! wie zahm, wie gehorsam! Daß diese Unterwürfigkeit eine überzeugungstreue und gewissenhafte sei, daß diese Herren jetzt zur anderen Einsicht gekommen sein sollten, das macht mich kein Mensch glauben! Sie fallen alle als Opfer der Lehre von der falschen Einheit und Äußerlichkeit der Kirche!"

Ich sehe die Sache anders an, was ich auch zur Antwort gegeben habe. Das Zusammenfallen der beiden größten Ereignisse der Jetztzeit erkenne ich als ein von der göttlichen Providenz veranstaltetes, als zwei furchtbare Mahnzeichen an die Menschheit, zu Gott zurückzukehren, von dem so viele abgefallen sind. Frankreich, der einzige katholische Staat, welcher das Papsttum, wenngleich aus Berechnung, allein gestützt hat, wird hart gedemütigt. Sein Fall ist zugleich der Fall des Papsttums, welchem die weltliche Herrschaft genommen wird, und kein andrer katholischer Staat macht auch nur im geringsten Miene, dem Oberhaupte der Kirche thätigen Beistand zu leisten. Eine vollständige Lethargie hat sich Aller bemeistert, und es ist nicht zu verkennen, daß das traurigste der Übel in allen Verhältnissen, nämlich die Gleichgültigkeit, im höchsten Grade dort um sich gegriffen hat. Nur in unserm deutschen Vaterlande regt es sich, und zwar in doppelter Weise. Die Einen scheinen geneigt zu sein, den Papstkönig sowohl, als den unfehlbaren Papst aus allen Kräften zu stützen (vorläufig jedoch ist es bei Reden und Adressen verblieben); die Andern dagegen lehnen sich gegen das neue Dogma von der Unfehlbarkeit des Papstes und damit zugleich gegen die Auktorität desselben auf. Der Kampf der letzteren wird mit ungleichen Waffen geführt. Sie vermögen vorläufig nicht die Sympathien der großen Masse zu erlangen, da die allgemeine Aufmerksamkeit zu sehr von den kriegerischen Ereignissen in Anspruch genommen wird, während die andre Hälfte zu Gunsten des Papstes Alles aufbietet, auch trotz des Krieges, und sich vornehmlich auf die Bischöfe stützt. Diese, bis jetzt noch im Besitze großer Gewalt über die Geister, treten mit unnachsichtlicher Strenge für jene neue Lehre auf; durch energische Maßregeln haben sie die katholischen Gelehrten bis auf Wenige zur Raison gebracht, diese haben sich gefügig gezeigt und der neuen Lehre Treue geschworen. Der Zweifel ist nur zu gerecht, daß diese Unterwürfigkeit unmöglich eine überzeugungstreue und gewissenhafte sein könne, sie ist größtenteils durch die Verhältnisse erzwungen.

Aus dem Benehmen sowohl der Bischöfe, als auch der Gelehrten vermag ich nur segensreiche Folgen zu entnehmen. Das gläubige Volk wird daraus eine äußerst wichtige Lehre ziehen, daß nämlich sein Heil weder von den Bischöfen, noch von den Gelehrten abhängig und zu erwarten sei. Es wird selbständig werden, selbständig urteilen und endlich selbständig handeln, wozu allerdings eine Reihe von Jahren erforderlich ist. So wie auf politischem Gebiete die seitherige Bevormundung der Völker einer freieren Entwickelung Platz gemacht hat, so auch wird es auf religiösem Gebiete geschehen; denn Beides geht Hand in Hand. Gewaltmaßregeln können diese Entwickelung wohl eine zeitlang aufhalten, aber nur, um schließlich die Ratschlüsse der Vorsehung um so herrlicher zu offenbaren. Der Krieg mit seinen entsetzlichen Ereignissen macht die Herzen williger und geneigter, auf die Wahrheit

zu hören; der Fall des Papsttums aber führt die redlich
suchenden Katholiken auf den Urgrund alles christlichen
Glaubens hin, auf Jesus Christus, als das einzige und
wahre Oberhaupt der Kirche. Er allein ist unfehlbar, er
allein unabhängig von menschlicher Hülfe, er allein unwandel=
bar in seiner Lehre und in seinen Aussprüchen. Diese Er=
kenntnis kann nicht zu teuer erkauft werden. Was vermögen
denn wohl alle Hirtenbriefe der Bischöfe, alle Breven und
Bannbullen des Papstes gegen das eine, weltumfassende Wort
des Heilandes: „Also hat Gott die Welt geliebt, daß er
seinen eingebornen Sohn gab, auf daß Alle, die an ihn
glauben, nicht verloren werden, sondern das ewige Leben
haben?" Dieses Wort der göttlichen Liebe wird sich immer
mehr Bahn brechen in den Herzen der Völker, und trotz
Menschenwitz und Menschenlist wird die Wahrheit erkannt
werden, daß die Veranstaltungen Gottes, um diesen wahren
Glauben der Menschheit zugänglich zu machen, höchst einfach
sind und keineswegs der Vermittelung eines unfehlbaren
kirchlichen Lehramtes bedürfen.

Man hat schon so lange und so oft den Untergang
der evangelischen Kirche prophezeit, und siehe, noch immer
besteht sie und breitet sich aus bis an die Enden der Erde.
Allen Völkern wird das Wort Gottes rein und lauter ge=
predigt, und nicht äußerer Pomp und äußerer Glanz werden
zu Hülfe genommen, sondern die Kraft des Wortes Gottes
allein ist es, welches die Herzen erweicht und sie der Wahr=
heit zugänglich macht. Wer wird hier das sichtbare Walten
des heiligen Geistes verkennen wollen? Aber die christlichen
Wahrheiten sind auch so einfach, so begreiflich, daß kindlich
fromme Einfalt unter dem Beistande des heiligen Geistes

zur Annahme derselben eher im Stande ist, als große Gelehrsamkeit. Am allerwenigsten aber bedarf es jenes prächtigen, sinnenschmeichelnden Kultus der katholischen Kirche, der wohl die Sinne bethört und in empfindlichen Seelen auch Gefühlsschauer hervorruft, jedoch keineswegs den Anforderungen Rechnung trägt, welche an die wahre Religion mit Recht gestellt werden. Die erste und vornehmste derselben ist, daß der Mensch gründlich umgewandelt und zu Gott hingelenkt werde. Äußere Hülfsmittel aber, wie jene, wenn auch pracht- und bedeutungsvollen Zeremonien vermögen das nicht nur nicht, sondern sie sind sogar hinderlich und deshalb verwerflich, weil sie auf den Sinnenmenschen berechnet sind, der sich nur zu leicht mit der Oberfläche begnügt, ohne dem Grunde nachzuforschen.

Ob der katholische Christ in seiner Kirche das Heil wirken könne, wenn er aus wahrer Überzeugung die Lehren derselben befolgt, ist eine Frage, welche hier unerörtert bleiben mag; jedenfalls aber wird es ihm sehr erschwert durch die vielen Äußerlichkeiten, welche dem Anschlusse an Gott hemmend in den Weg treten und gar zu leicht den Menschen glauben machen, mit der Beobachtung derselben habe er genug gethan, so daß er sich vielleicht für einen aufrichtig frommen Christen hält, da er doch Gott sehr fern steht. Ich bin fest überzeugt, daß äußerst viele Katholiken diesen Standpunkt einnehmen; während meiner langjährigen Thätigkeit im Beichtstuhle habe ich Gelegenheit genug gehabt, diese Erfahrung zu gewinnen. Gott haben sie im Munde, aber nicht im Herzen, dagegen sind sie z. B. eifrig der Verehrung der Heiligen ergeben, deren Königin, der Mutter Gottes, sie insofern mehr Macht als Jesu Christo selbst zuschreiben, als sie glauben, der göttliche Sohn könne seiner menschlichen Mutter nichts abschlagen. Es wird dieses aus dem Gebote nachgewiesen und ist allerdings ein ganz einfacher Schluß; denn wenn Jesus Christus ein guter und gehorsamer Sohn gewesen, wie doch unbedingt angenommen werden muß, so wird er das thun, was ihm die Mutter befiehlt. Man vergißt nur dabei, daß Jesus Christus zuerst der Sohn Gottes und selbst Gott ist, somit, auch wenn er ein Geschöpf, wie die Maria, ausgezeichnet hat, er doch von demselben in keiner Weise abhängig gedacht werden kann. — Diese Marienverehrung ist in ganz besonderer Weise in Frankreich einheimisch. Man hat u. a. gefunden, daß von den französischen Kriegsgefangenen fast ein jeder im Besitze einer s. g. Muttergottes-Medaille ist, von deren Tragen er alles Heil erwartet, wogegen das sonstige religiöse und sittliche Leben derselben viel zu wünschen übrig läßt. Diese Medaille vertritt die Stelle eines Amulets, wie es so gern von Türken und Heiden getragen wird; welcher Aberglaube damit verbunden sein mag, wer weiß es?

An diese Heiligen-Verehrung knüpft sich folgerichtig die **Verehrung der Reliquien**. Es ist bekannt, wie im Mittelalter über alle Maßen mit dem Verkaufe derselben Mißbrauch getrieben wurde. Der Schwindel hatte sich dieses Artikels so sehr bemächtigt, daß selbst Juden und Heiden Handel damit trieben, besonders mit Reliquien aus dem gelobten Lande. Wollte man jetzt z. B. alle Reliquien vom Kreuze Christi, welche in der christlichen Welt kursieren, zusammensetzen, so würde ohne Zweifel ein Kreuz entstehen, welches an Höhe und Dicke mit einem bedeutenden Kirchturme wetteifern könnte. Das alte „mundus vult decipi, ergo decipiatur" (die Welt will betrogen sein, also betrüge man

sie) hat sich bei dem Handel mit Reliquien mehr als irgend=
wo als richtig erwiesen, Gott sei es geklagt! Ich habe mehr
als einmal Äußerungen vernommen, ja, warum soll ich es
nicht gestehen, ich habe es selbst mehr als einmal ausge=
sprochen: Man lasse die Leute in ihrem frommen Glauben.
Sie meinen im Besitze wirklich echter Reliquien zu sein, sie
verehren sie als solche, warum soll man ihnen diese fromme
Meinung rauben? Jetzt sehe ich es allerdings ein, wie leicht=
fertig auf diese Weise der wahre Glaube behandelt wird,
und ich schäme mich sehr, solchem Mißbrauche das Wort ge=
redet zu haben. Aber ich war dazu gezwungen. Einmal
glaubte ich ja auch daran, war ich doch selbst lange Jahre
hindurch der glückliche Besitzer eines angeblich echten Stückchen
vom Kreuze Christi; und ferner war es eine Unmöglichkeit,
die Echtheit derartiger Reliquien genau nachzuweisen, und so
blieb nichts Andres übrig, als diese anzunehmen, was jeden=
falls das Bequemste und Einfachste war. O, wann wird das
gläubige Volk einmal dahin kommen, diese bedauernswerten
Machinationen zu durchschauen und verachten zu lernen? wann
wird es sich erheben aus der langgewohnten Finsternis und
der hellen Lehre der Wahrheit zugewendet werden? Die
Zeit scheint nahe zu sein, daß der verdunkelnde Schleier von
den Augen hinweggezogen wird, möge die Gnade Gottes sie
bald herbeiführen.

Noch schlimmer als mit der Verehrung der Heiligen und
der Reliquien steht es mit den Wallfahrten zu den
sog. Gnadenbildern, besonders den Marienbildern.
Es ist viel dafür geredet und geschrieben worden, aber ich
glaube nur von Solchen, die weniger Einsicht davon ge=
nommen haben. Denn daß der wahre Glaube durch die

Wallfahrten gestärkt und gekräftigt werden könne, vermag ich nach meinen Erfahrungen nun und nimmer einzusehen. — In meinen Studienjahren traf ich einmal auf einer Ferienreise mit zwei Landleuten zusammen, welche aus dem Wallfahrtsorte, den ich berührt hatte, in ihre Heimat zurückkehrten. Ein würdiges Paar! Auf dem ganzen Wege, einige Meilen weit, drehte sich ihr Gespräch fast nur um die beiden Geistlichen ihres Ortes; alles nur erdenkliche Böse ward den beiden schuld gegeben. Ich konnte mich nicht enthalten, beim Abschiede die Wallfahrer zu fragen, ob das etwa die Früchte ihrer Wallfahrt und ihrer am selben Morgen gehaltenen Beichte und Kommunion seien? welche Frage eben nicht sehr gütig aufgenommen wurde.

Wahrhaft entwürdigend aber ist es anzusehen, wie man an die sog. Gnadenbilder allerlei Gegenstände, als Rosenkränze, Kruzifixe, Sacktücher, die dann als Sterbetücher benutzt werden, u. dergl. m. anstreicht, was ich sehr häufig zu meiner Verzweiflung gesehen habe. Da feiert wirklich der Aberglaube seine Triumphe. Übrigens muß ich zur Ehre meiner früheren Amtsbrüder sagen, daß von den Aufgeklärteren dieser Unfug mehr als einmal verdammt wurde. Aber man durfte das Verdammungsurteil nicht laut werden lassen, da die Mönche des Klosters, in welchem dieser Unfug stattfand, nicht wenig Gewicht auf diese Bestreichungen legten; das dumme Volk aber nahm alles geduldig und bona fide hin.

Gewiß habe ich also nicht zu viel behauptet, wenn ich vorhin sagte, es werde dem Katholiken durch diese und andre Menschensatzungen (denn daß sie von Gott eingesetzt, ist nicht zu beweisen) sehr erschwert, sein Heil zu wirken, und die gründliche Umwandlung des Menschen werde dadurch nahezu

unmöglich gemacht. Der träge, sinnliche Mensch wiegt sich
gar zu gern in den Glauben ein, er habe Gott gegenüber
genug gethan, wenn er diese Äußerlichkeiten streng beobachte,
im Grunde aber entfernt er sich dadurch immer weiter von
ihm, wenigstens macht er sich ganz falsche Vorstellungen von
Gott. Gewiß ist Gott erzürnt über unsre Sünde, denn
diese widerstrebt seiner Heiligkeit; aber der erzürnte Gott ist
versöhnt durch das Opfer seines eingebornen Sohnes und ist
so trotz unsrer Sünde uns wieder nahe getreten. Es ist
also verkehrt, wenn ich mir Gott etwa auch nur wie einen
strengen, menschlichen Monarchen denke, zu dem aus verschiedenen Gründen der Zutritt erschwert ist. Nein, Gott ist
der liebevollste Vater aller Menschen, und nur unter diesem
Bilde sollen wir ihn uns vorstellen, als gehorsame und gute
Kinder. Zum Vater aber kann man stets ohne vermittelnde
Fürsprache gelangen, ja, gute Eltern werden sich gekränkt fühlen,
wenn ihre Kinder die Vermittelung andrer in Anspruch nahmen,
wie dieses auch wirklich Mangel an Vertrauen beweist.

Wie soll ich die Gnade Gottes genugsam preisen, welche
mich zu dieser Einsicht geführt hat! Wie bin ich doch so
frei, so leicht geworden, seitdem jene Schreckensbilder aus
meinem Innern gewichen sind, von denen umgeben ich mir
seither Gott vorstellte! seitdem jene erdrückenden Fesseln der
Menschensatzungen von mir genommen sind, die mir Gott
nur in der Ferne zeigten, während ich ihn jetzt so nahe
fühle! Jetzt bin ich erst in Wahrheit ein Kind Gottes geworden, nachdem ich ihn unverhüllt erkannt, so weit es dem
blöden Menschenauge vergönnt ist, und seine liebende Erbarmung an mir so deutlich wahrgenommen habe. Er sei
dafür gepriesen in alle Ewigkeit!

Schlußwort.

* *, im Oktober 1887.

Jetzt, nach 17 Jahren, komme ich erst dazu, das Schluß=
wort meinen Tagebuch=Blättern hinzuzufügen. Es
mutet mich eigentümlich an, das zu thun. Was hat sich
nicht alles in diesen 17 Jahren ereignet? Auch meine An=
schauungen haben sich hie und da geändert. Aber in einem
nicht. Ich danke dem Herrn und preise ihn, daß er mich so
gnädig angesehen und mich der Finsternis entrissen hat. Sein
heiliges Wort allein ist „meines Fußes Leuchte, und
ein Licht auf meinem Wege." (Pf. 119, V. 105.) Die
Menschensatzungen sind abgethan für immer, alles Menschen=
werk ist zunichte geworden, ich getröste mich lediglich der
freien Gnade in meinem lieben Herrn Jesu Christo. Er ist
mein ganzer Trost, meine einzige Hoffnung im Leben und
im Sterben.

Seit meinem Übertritt, nach genügender Vorbereitung,
stehe ich im evangelischen Pfarramte als Diener am Worte.
Manche Amtsbrüder habe ich kennen gelernt, deren Ansichten
ich nicht billigen konnte. Es ist mir nicht immer leicht ge=
worden, mit ihnen zu verkehren, zumal ich 13 Jahre lang

Mitglied einer wohlgegliederten Hierarchie gewesen war. Aber die gewonnene Überzeugung hat auch das nicht erschüttern können. Denn sie gründet sich nicht auf Menschen, sondern auf das göttliche Wort und auf die freie Forschung in demselben. Diese läßt Verschiedenheiten in der Anschauung zu, aber sie fördert auch und macht stark im Glauben.

Fast ein halbes Jahr, nachdem ich meine Überzeugung durch die Gnade Gottes vor seinem Angesichte ausgesprochen hatte, lernte ich in einer Pastorsfamilie meine Gattin kennen. Damit fällt der Vorwurf hinweg, wie er so gern einem konvertierten Priester gemacht wird, als ob der Bruch des Zölibates das einzige Motiv seines Übertritts gewesen sei. Man scheut sich nicht, derartige Vorwürfe zu erfinden und in die Welt zu schleudern, und bedenkt nicht, daß hierdurch die verzeihende Liebe auf das Empfindlichste gekränkt wird. Ich möchte das hier deshalb erwähnen, weil Viele leichtsinnig nachsprechen, was böswilligerweise oder aus Fanatismus behauptet wird. — Übrigens ward es mir keineswegs leicht gemacht. Es stellten sich uns Beiden fast unübersteigbare Hindernisse in den Weg, so daß ich wohl sagen darf, **hier war das Walten der helfenden Gnade recht spürbar**. Drei Jahre lang, bis ich mir eine feste Existenz gegründet hatte, haben wir treu ausgeharrt; räumlich weit von einander getrennt, ohne irgend eine persönliche Begegnung, ist unsre Verbindung eine um so innigere geworden, bis sie endlich durch den Segen der Kirche zu einer unauflöslichen gemacht worden ist. Der Herr hat uns vier Knaben geschenkt, welche in der Zucht und Vermahnung zum Herrn auferzogen werden. Es hat uns an Prüfungen des Glaubens nicht gefehlt, Sorgenberge in den äußeren Verhältnissen mußten überstiegen werden und sind noch heute zu übersteigen. Des Herrn Wort jedoch hat sich an uns bewährt: „Rufe mich an in der Not, so will ich dich erretten, so sollst du mich preisen." (Pf. 50, V. 15.) Er wird auch ferner uns erhören und sein Wort nicht zu schanden werden lassen.

Ein leicht erklärlicher, herzlicher Wunsch ist mir nicht erfüllt worden. Ich hoffte, in evangelischen Kreisen meine Lebenstage zubringen zu dürfen. Der Herr hat es anders gewollt, sein heiliger Name sei gepriesen! In eine kleine Diasporagemeinde berufen, inmitten des krassesten Ultramontanismus, sind mir vielfache Anfeindungen nicht erspart worden. Sie haben mich im Glauben gestärkt. Leider hat der große Mangel an evangelischem Bewußtsein diese Anfeindungen vergrößert. Eine Billigung des von mir gethanenen Schrittes seitens meiner Glaubensgenossen ist mir selten zu teil geworden, häufiger das Gegenteil. Es sind tiefe Wunden, die mir dadurch geschlagen wurden, aber sie gerade haben mich mehr als alles andre zum Herrn und ins Gebet getrieben. Wohl habe ich oft mit dem Psalmisten geseufzt: „Herr, sei mir gnädig, denn ich bin schwach; heile mich, Herr, denn meine Gebeine sind sehr erschrocken, und meine Seele ist sehr erschrocken. Ach, du Herr, wie so lange!" (Pf. 6, V. 3. 4.) Dann habe ich die Wahrheit des Wortes an mir erfahren: „Laß dir an meiner Gnade genügen, denn meine Kraft ist in den Schwachen mächtig." (2 Kor. 12, V. 9.)

Ich übergebe die „Tagebuch=Blätter" mit wenigen, ganz unwesentlichen Abänderungen dem Drucke. Mit aufrichtigem Herzen darf ich bekennen: Ich würde sie noch heute der Hauptsache nach so abfassen.

Allerdings, ich darf es nicht verhehlen, würden vielleicht manche Anschauungen, manche Ausdrücke nicht so, wie sie in dieser Schrift enthalten sind, jetzt von mir ausgesprochen und gewählt werden. Aber ich lasse sie unverändert, da ich ja meine Gefühle und Stimmungen zur Zeit des Überganges mitzuteilen beabsichtige.

Der treue Herr aber möge geben, daß manchen dadurch die Augen geöffnet werden, damit sie erkennen, was allein Not thut, und dieses eine Notwendige ihnen durch die freie Gnade in Christo Jesu geschenkt werde.

Alles zu seines heiligen Namens Lobe und Preise!

Verlag von Fr. Richter in Leipzig.

Das Wesen der Kirche

nach Lehre und Geschichte des Neuen Testaments mit vornehmlicher Rücksicht auf die Streitfrage zwischen Protestantismus und Katholizismus.

Von

D. Julius Köstlin,
Professor der Theologie in Halle.

2. vollständig umgearbeitete Auflage.

Preis geheftet 2 Mk. Eleg. geb. 2 Mk. 60 Pf.

—

Luthers Lehre von der Kirche

von

D. Julius Köstlin,
Professor der Theologie in Halle.

Neue Ausgabe.

Preis geheftet 2 Mk. Eleg. geb. 2 Mk. 60 Pf.

—

Das Wesen des Unglaubens.

Populäre polemische Vorträge

von

J. C. Heuch,
Professor in Christiania.

Autorisierte deutsche Ausgabe

von

P. O. Gleiss.

Preis geh. 3 Mk. 60 Pf. Eleg. geb. 4 Mk. 60 Pf.

Verlag von Fr. Richter in Leipzig.

Zur Freiheit des Gewissens
Eine religiös-philosoph.-kirchenpolitische Studie.

Von

P. F. Küchler.

Preis geh. 3 Mk. Eleg. geb. 4 Mk.

Vom Ärgernis zum Glauben.
Ein Laien-Zeugnis.

Von

H. Westergaard.

Professor der Staatswissenschaft an der Universität in Kopenhagen.

Aus dem Dänischen von P. O. Gleiss.

Preis 80 Pf.

Die Unzulänglichkeit des theolog. Studiums der Gegenwart.
Ein Wort an Dozenten, Pfarrer und Studenten.

2. Auflage.

Preis 1 Mk. 20 Pf.

Eine vorzügliche Schrift, die nicht dringend genug empfohlen werden kann.

Verlag von Fr. Richter in Leipzig.

Sonntagsfeier u. Sonntagsunfug.

Ein sozial- und handelspolitischer Beitrag zur „Enquete".

Von Emil Richter.

Preis 50 Pf.

Die pessimistische Weltanschauung
des
Dr. Eduard v. Hartmann
als Wegweiser zur christlichen Wahrheit
von
P. Franz Jacobowski.

Preis 60 Pf.

Das verborgene Leben in Christo.

Dargestellt in Erzählungen, Betrachtungen, geschichtlichen Bildern u. s. w.

Für Geistliche, Lehrer, besonders für Sonntagsschulen, sowie zur häuslichen Erbauung.

Von
Dr. Fr. Schröder,
ev. Pfarrer in Jülich.

4 Bdchn. cart. à 0,80 Mk.